Uwe Klein

Stressmanagement

Uwe Klein

Stressmanagement

Stress bewältigen,
Entspannung trainieren,
Lebensfreude gewinnen

mvg

Die Deutsche Bibliothek – CIP-Einheitsaufnahme

Klein, Uwe:
Stressmanagement : Stress bewältigen ; Entspannung trainieren ; Lebensfreude gewinnen / Uwe Klein. - Landsberg am Lech : mvg, 2000
(Business-Training ; 81232)
ISBN 3-478-81232-1

Umschlaggestaltung: Felix Weinold, Schwabmünchen
Satz: Fotosatz H. Buck, Kumhausen
Druck und Bindearbeiten: Pressedruck Augsburg
Printed in Germany 81232/800402
ISBN 3-478-81232-1

Inhaltsverzeichnis

Einleitung

Wo liegt eigentlich das Problem mit dem Stress? In der Urzeit? In der Neuzeit? Bei den anderen? In uns selbst? Wozu fragen wir uns, *wo* das Problem liegt? Um es dort immer wieder besuchen zu können? Interessanter und nützlicher wäre es zu fragen, *wozu* wir ein Problem haben oder wie wir uns weiterentwickeln können.

Alle Welt redet in periodischen Schüben immer wieder vom Stress bzw. vom Überfluss daran, den ein jeder habe. Alles scheint mittlerweile als Ursache von Stress geeignet. Der Computer, der Partner, die Kinder, der Verkehr, die Aktienkurse, der Typ neben uns, das Fernsehen, die Zeit, das Handy, kurz: Es gibt fast nichts, was noch nicht in Zusammenhang mit Stress gebracht wurde. Also, so lautet eine der volksnahen Durchhalte-Erkenntnisse, habe man sich gefälligst daran zu gewöhnen, denn tun kann man wohl nichts dagegen. Wir müssten ja dann gegen alles vorgehen und kämen vor lauter Stressbekämpfung nicht mehr zum „anderen“ Leben.

Erstaunlicherweise gibt es Menschen, die haben Stress in Situationen, in denen wir uns fragen: Wieso eigentlich? Wir an ihrer Stelle wären glücklich und zufrieden oder das inkriminierte Ereignis würde unbemerkt an uns vorüberziehen – exakt dasjenige, worüber sich diese Zeitgenossen schäumend ereifern! Wie machen die das, dass sie sich gestresst fühlen? Oder: Wie machen wir das, dass *wir* uns aufregen, wenn andere lachen oder nicht mal bemerken, *dass* wir im Stress sind. Letzteres führt zu einer gewissen Steigerung unserer Fähigkeit sich zu ärgern. Wir empfinden es häufig als Provokation, dass sich manche Zeitgenossen über bestimmte Dinge eben nicht aufregen. Ein interessantes Phänomen. Offensichtlich geht es uns im kollektiven Leiden besser – nach dem Motto: Wenn ich schon Stress habe, dann bitte nicht allein. Könnte das manchmal vielleicht sogar dazu führen, dass wir versuchen unbewusst anderen dann auf die Sprünge zu helfen, sie also emotional mit unserem Stress zu verknüpfen? Wer will schon allein und unverstanden sein ...

Bekannt ist das Phänomen Stress bei jedem und unerwünscht ist es auch. Manche haben sogar andauernd mehr Stress als andere: Manager, Lehrer, Ärzte, Rechtsanwälte, Kassiererinnen etc. Schicksal? Veranlagung? Entwicklung einer Persönlickeit?

„Stress macht dick und killt die Liebe", schrieb die TZ München in einer Headline vor zehn Jahren. Spätestens dadurch wissen wir, dass es sich um eine ernst zu nehmende Erscheinung von globaler Tragweite handelt. Im Extremfall soll so mancher mittels Herzinfarkt oder Schlaganfall schon daran gestorben sein. Auch das wissen wir zur Genüge und verdrängen es im Einzelfall, so gut es geht. Was soll also ein neues Buch über diese ärgerliche Zeiterscheinung, die uns nur viel Geld kostet: für extravagante Reisen, die das Problem temporär lösen sollen, für Seeleninstitute, auch diejenigen fragwürdiger Provenienz, für die Behandlung von psychosomatisch bedingten Leiden (welche nebenbei bemerkt etwa zwei Drittel aller Behandlungsfälle in Allgemeinpraxen ausmachen), für die Bücher darüber, für die Villa, die wir meinen bauen zu müssen, für die Rentenvision, die wir dann nach unseren Klischee gewordenen Erwartungen zu leben versuchen, für die vielen Gegenstände, deren Besitz beruhigt.

Sie merken schon: Das Buch will Dimensionen und Verästelungen aufzeigen, wie Stress unsere persönliche Biographie und kollektive Geschichte beeinflusst – manchmal positiv, manchmal, um beides zu demolieren. Deutschland wandelt ökonomisch schon längere Zeit auf einem schmalen Grat: zwischen dem Anspruch nach Sicherheit und Luxus im Leben auf der einen Seite und einer Neu-Positionierung unternehmerischer Strukturen im globalen Wettbewerb auf der anderen Seite. Das Umfeld auf beiden Seiten ist verkrustet und ideologisch starr geworden. Es existiert eine zur Handlungsunfähigkeit verdammende Abhängigkeit von abgegriffenen Paradigmen. Dies ist eine der Auswirkungen von gesellschaftlich achselzuckend sanktioniertem chronischem Stress. Also, wo sind passende Orientierungen mit anerkennenswertem Anspruch auf Zukunft für die am stärksten wertschöpfende Generation der 25- bis 45-Jährigen? Richtig: im Internet und in wissensbasierten Wertschöpfungsmodellen. Jedenfalls faktisch betrachtet.

Die einzigen handelnden Kräfte in einer Gesellschaft sind Menschen. Es fängt alles bei uns selbst an. Wir leben, ob das zu unseren kulturellen Werten in Deutschland passt oder nicht, in einer höchst veränderungsintensiven Zeit. Stress, der nicht adäquat beherrscht wird, ist dabei der zementierende Tod jedes Veränderungsansatzes. Und da bietet sich in Deutschland momentan das Bild einer ausgebremsten Kultur. Außer dass wir den neuen Installationswahn von Telekommunikations- und Computer-Hightech als wirtschaftlichen Fortschritt preisen und den Rest des Landes mit Medienprodukten zuschütten, scheint sich wenig in der Substanz zu bewegen. Mal sehen, ob der globale Wettbewerb das honoriert.

Worum es dem Verfasser geht, ist die festgebremsten Räder zu lockern. Diese Lockerungsübungen fangen im Kopf an. Die Durchdringung unserer Lebensbereiche, die vom kulturell-gesellschaftlichen Summenphänomen Stress tangiert sind, hat in den letzten zehn Jahren eine methodische Qualität erreicht. Wir sind so perfekt geworden in der Zementierung unserer Grundüberzeugungen und Werte, dass wir gar nicht mehr sehen, wie die veränderten Rahmenbedingungen der globalen Wirtschaft mit unserer geistigen Heimat, geschaffen durch Schule, Uni, Kulturschaffende und andere, zu kollidieren drohen. Das viele Reisen hat uns zwar viele Eindrücke gebracht, welche wir festhalten. Wie sinnvoll: auf Fotos, auf Videos … Wir essen auch schon ganz andere Sachen als vor 20 Jahren, bloß denken und handeln tun wir immer noch so wie vor 30 Jahren oder auf einer ganz anderen Ebene: wie vor 100.000 Jahren. Womit nicht gesagt sein soll, dass es keine anderen Gesellschaften gibt, die nicht dasselbe Problem hätten, mit der Globalisierung und den nachfolgenden kulturellen Veränderungen Schritt zu halten. Wir versuchen – gemäß den jahrhundertealten Traditionen deutscher Problemlösungskunst aus Philosophie und Geisteswissenschaft –, da anzufangen, wo wir nichts bewirken können: am übergeordneten Phänomen. Aus der Sicht eines Historikers im Jahre 2050 würden wir die Note „haarsträubend hilflos und unprofessionell" dafür bekommen.

Erst, und das ist eine der Hoffnungen des Arztes in der Seele des Verfassers, der professionelle Umgang mit Stress versetzt uns in die Lage, gestalterisch aktiv zu werden. Und diese Fähigkeit brauchen wir, wenn wir Einfluss auf unsere Biographie haben wollen und vermeiden möchten, eine uns im Nachhinein möglicherweise professionell erscheinende Ausweichjagd vor den Anforderungen unserer Zeit „erfolgreich, weil zu Ende", aber ausgelaugt und erschöpft hinter uns gebracht zu haben. „Die Prüfung des Daseins zu bestehen" – dies ist nur eines der selbstmörderischen und selbstbetrügenden Paradigmen unserer Zeit. „Bestehen können" ist eine kümmerlich abhängige und durchaus manchmal gesundheitsschädliche Grundhaltung. Es geht vielmehr um Gestaltung und den Willen dazu – im Einklang mit unserer inneren und äußeren Natur. Dieses Buch will helfen, den eigenen Weg dahin zu finden, die entscheidenden Hebel zu entdecken und geeignete Werkzeuge zu benutzen. Übrigens ausnahmsweise ohne esoterische Streifzüge …

„Dieser Stress bringt mich noch mal um!" Wir sagen es und glauben oder hoffen insgeheim, dass wir damit nicht Recht haben. Und die Konsequenz? Wir fordern mehr Geld, das beruhigt, mehr Sicherheit, die beruhigt, besser zu essen, das beruhigt, mehr Freizeit, die beruhigt, mehr Fernsehen, das beruhigt usw. Wenn Sie jetzt beunruhigt sind und anfangen, sich über Ihren Alltag Gedanken zu machen, dann kann das nur heilsame Auswirkungen haben. Ich gratuliere dazu und lade Sie ein, die

Lösungen zu suchen. Dabei muss ich Sie jedoch warnen: Lösungen für Stress zu suchen kann Ihr Leben etwas oder deutlich verändern. Und: Die Lösungen werden keine Rezepte oder Therapien sein, denn Stress ist keine Krankheit, sondern es werden Ihre eigenen Lösungen sein, die Sie selbst erarbeiten. Aus der Verantwortung für uns selbst können wir uns nicht entlassen. Dieser Arbeitsplatz ist allen sicher, absolut sicher, lebenslang. Vielleicht ist dies uns noch nicht bewusst genug. Also lassen Sie uns anfangen.

Dr. Uwe Klein
Carvoeiro, den 20. März 2000

1. Evolution

Wenn manche Zeitgenossen von Traditionen reden, dann geht die geistige Zeitreise bis zu Karl dem Großen oder bestenfalls bis zu Christi Geburt. Möglicherweise hat das gewählte Reisemittel Beschränkungen hinsichtlich der Reichweite. Wir wählen den Begriff Evolution, um die Reise weit hinter die kulturellen Denkvorgaben zu führen. Sicher denken Sie jetzt, dass mal wieder einer der üblichen, in anderen Büchern bereits sattsam dargestellten Ausflüge in den Werdegang des Menschen, vom Affenverwandten über den Werkzeuggebrauch und Sprachbildung bis hin zur Hochkultur in der Art einer naturwissenschaftlichen Darstellung erfolgt. Nein.

Es handelt sich im Folgenden um den Versuch, unseren Tagesablauf in eine passende Umgebung zu integrieren. Was wir daraus lernen werden, ist das Grundverständnis für Ereignisse und Abläufe im heutigen Alltag. Begeben Sie sich also mit auf diesen Ausflug. Schon in der Schule haben wir bei den Ausflügen das meiste gelernt.

Die Sonne kroch gerade hinter den Hügeln jenseits des kleinen Flüsschens hervor, als Paule in der Höhle aus dem Schlaf gerissen wurde. Ein knackendes Geräusch aus der Richtung des Höhleneingangs ließ ihn aufschrecken. Ein hühnenhafter Schattenriss einer menschlichen Gestalt war im Gegenlicht des Sonnenaufgangs zu erkennen. Die Gestalt war nach draußen gewandt und stützte sich auf einen großen Stock. Die Silhouette verriet Paule sofort, dass es Männe war, der sich anscheinend schon fertig machte. „Was ist denn …?“, murmelte Paule unwillig, aus seinem Traum gerissen. Die Antwort kam von der anderen Seite des Lagers: Die Kinder atmeten tief und die ganz kleinen „murkelten“ auf, wie Emma immer sagte. Na gut, vorbei, da war jetzt keine Rettung mehr, die Nacht war gelaufen, alle würden jetzt unvermeidlich wach werden. Ärgerlich. Ein

Pulsieren zog in Paules Adern, die Augen öffneten sich weit, und als sich sein Nacken spannte, um sich aufzurichten, spürte er die Nachwirkungen des verdorbenen Traubensaftes von gestern Abend.

Als er zu Männe stieß, um ebenfalls nach draußen zu blicken, sah er, dass Eddy bereits neben ihm hockte. Beide starrten gebannt ins Tal. „Was'n los?", fragte er unwirsch und laut. „Schscht! Da unten", war Männes Antwort und er deutete mit seinem Stock in die Ferne, wo jenseits des Eulenwaldes auf der großen Ebene sich etwa fünf kleine dunkle Punkte langsam bewegten. Sie waren vielleicht zwei Sonnenhände weit weg. „Arbeit", murmelte Eddy, auch noch nicht ganz wach, im Gegensatz zu Paule, der jetzt in Fahrt kam: „Scheiße, Mensch, das ist ja geil. Bloß einen von denen erwischen und Ruhe für den ganzen Herbst!" Er sah Männe an und wartete auf ein Zeichen seiner Bereitschaft. Männe war angespannt, es arbeitete fieberhaft in ihm, wahrscheinlich hatte er schon einen Plan. Er blickte unverwandt in die Ferne. „Mammut", sagte er trocken und leise, bevor er sich zu den beiden anderen wandte. Eddy, der am Boden kauerte, schnippte mit kleinen Steinchen und schien wenig begeistert über den drohenden Arbeitsaufwand. Als er bemerkte, dass die beiden anderen sein Verhalten musterten, seufzte er prophylaktisch. „Mir reicht's noch von gestern, wo wir stundenlang dem großen Hirsch nach sind und Paule kurz vor Abschluss aus der Rolle fiel und einen dummen Witz machte. Weg war die Beute." Paule sah zu Boden. Er wusste, dass er es verpatzt hatte.

Männe intervenierte. „Kommt schon", sagte er und stolperte beim Losgehen über einen Stecken auf dem Weg nach unten. Er ging vom erhöhten Eingangsplatz der Höhle etwa zehn Meter hinab, wo sich ein kleiner Bachlauf in einem Teich sammelte. Kristallklares, kaltes Wasser gurgelte vom Berg hinter der Höhle herab. Männe legte seinen Lendenschurz ab und sprang einfach hinein. Die beiden anderen Männer folgten ihm. Sie schnauften und prusteten, tauchten unter und rieben sich die Glieder. Triefend kamen sie in die Höhle zurück und versuchten ihre Frauen mit ein paar kalten Spritzern zu beglücken. Die aber schrien und schimpften: „Pass doch auf, du machst alles nass, das schöne Fell, Achtung der Kleine!“ Es wurde lebhaft in der Höhle.

Pussy war vorher, während die Männer badeten, unter den kritischen Seitenblicken der anderen Frauen zu einem Apfelbaum gegangen und hatte einige Früchte geholt. „Es gibt was Leichtes zum Frühstück“, sagte sie kichernd, „schließlich müsst ihr heute noch viel rennen!“ Die anderen Frauen lachten. Eddy merkte, dass er keine Wahl hatte, es ging wohl schon wieder zur Sache und diesmal kam's darauf an. Er hätte lieber ein kräftiges Steak gehabt, aber vom Grill gestern abend war nichts mehr übrig außer ein paar kalten Erdknollen. Aus Sicherheitsgründen hatte Mausi mal wieder dafür gesorgt, dass alle gebratenen Fleischreste aufgegessen wurden. Eifrig war sie herumgelaufen und hatte jedem noch etwas angeboten. „Esst, es wär doch schade drum“, hatte sie gesagt. Der Geruch des Grillfleisches hätte über Nacht nämlich Fressfeinde angelockt und das hätte nur Stress gegeben.

Inzwischen war die Gruppe in der Höhle gänzlich wach geworden, ihre Frauen Emma, Mausi und Pussy waren bereits geschäftig mit den Kindern und verschiedenen Dingen zugange. „Könnten die Herren vielleicht auch mal was tun, oder gibt's schon wieder große Pläne?“, fragte Emma unwirsch. Jetzt lachten die beiden anderen Frauen. Eddy sprang auf und ging nach hinten. Paule und Männe sahen sich an: Sie hatten ein Motivationsproblem im Team. Ein Mammouth zu fangen ist zu zweit viel zu gefährlich. Man braucht mindestens drei starke Männer, eigentlich vier. Aber gute Leute waren knapp …

Die so genannte biologische innere Uhr des Menschen hat einen mittleren Rhythmus von 25,3 Stunden im Freilauf. Sie wird durch Licht, soziale Ereignisse und Nahrungsaufnahme täglich neu auf einen 24-Stunden-Takt „gestellt".

Kälte, Geräusche mit bestimmten Frequenzspektren (Knacken, Unruhelaute von Kleinkindern) und helles Licht regen unser Aktivitätsniveau an. Hormonketten, darunter auch Stresshormone, bestimmen, wie „wach" wir sind.

Dass Obst „fit" macht, war auch damals schon bekannt.

Tiefe Seufzer aktivieren Stresshormonketten und wirken als verstärkende Demotivatoren.

Im Stress oder stark angespannten Zustand sind die Linsen der menschlichen Pupille und das zugehörige „innere Auge" auf die Weite fokussiert: Fluchtwege, herannahende Feinde oder Beute gilt es gut zu sehen, nicht das nahe liegende Detail, worüber wir stolpern – auch geistig –, wenn wir große Ziele haben.

Nässe in der Wohnung gilt als Stressor sowie alles, was bestehende Beziehungen gefährden könnte.

Während des Frühstücks gab es erregte Diskussionen über den Tagesablauf. Eddy erschien die Sache zu gefährlich, Mausi schimpfte ihn, er sei faul, Paule versuchte zu vermitteln, Männie wurde langsam sauer, weil ihm alles zu langsam ging, die Kinder wollten raus zum Spielen, Emma glaubte eh nicht an einen Erfolg und Pussy hätte Männie lieber bei sich behalten. Schließlich stand Paule auf und löste den Knoten, indem er den anderen zeigte, dass er bereit war: Er schnürte sich die Jagdsachen um, holte Speere und Bogen und würdigte die Diskussionen keiner Aufmerksamkeit mehr. Auch Männie erhob sich, nahm Abschied und stand kurz darauf neben ihm draußen. Die Kinder fassten das als Signal auf, jetzt auch ihre Abenteuer haben zu dürfen. Die Versuche der Mütter, sie noch zu herzen, abzuwischen, ihnen etwas anzuziehen, schlugen fehl: Schon waren sie weg und versuchten, den Apfelbaum hochzuklettern, um an ihrem Baumhaus weiterzubauen. Die Männer wurden verabschiedet, Eddy besonders lange, und die Frauen steckten ihnen noch ein paar Essensreste zu, getrocknete Früchte und Gemüseknollen, Pussy gab Männie noch einen Glücksbringer mit. Versorgt mit diversen Beschwörungsformeln und Motivationsparolen („Macht's gut", „Passt auf euch auf", „Schnappt euch das ganz Große" etc.) trabten Eddy, Paule und voran Männie den Pfad hinunter. Sie liefen und durchquerten eilig den Eulenwald. Nach einer halben Stunde waren sie am anderen Waldrand angekommen und spähten keuchend auf die in der Vormittagssonne vor ihnen ausgebreitete Hochebene. Von den Mammouths nichts zu sehen. Alles still. Sie sahen sich an. Leise schwang in Männies Augen der Vorwurf mit: Wenn ihr Idioten nicht so lange gebraucht hättet, um zu kapieren, dass wir schneller sein müssen, wären sie jetzt direkt vor uns. Eddy starrte eifrig in die Ferne, um keine Zweifel darüber aufkommen zu lassen, dass auch er an das große Ganze dachte. Paule, der Pragmatiker, dachte an das ganz Große und hätte lieber gewusst, wie sie herausfinden könnten, wo es hingelaufen war. Sie begaben sich vorsichtig aus dem Schutz des Waldes auf die Ebene, kein Baum mehr vor ihnen, der ihnen schnell Zuflucht vor dem Zugriff eines Menschenjägers geboten hätte. Säbelzahntiger und Höhlenlöwen hatten sie in der Gegend schon gesehen. So trabten sie eine Stunde vor sich hin, bis sie der Durst plagte. Paule war schon ganz nervös, er reckte seine ausgetrocknete Nase in die Luft und schnupperte in alle Richtungen nach Feuchtigkeit, bis er eine Witterung hatte und die drei ihre Richtung änderten, um ihm zu folgen.

Konkrete, wortlos kommunizierbare Handlungen einzelner sind häufig Signale für andere, eröffnen Kanäle, in denen sich aufgestaute Energie entladen kann, und haben einen hohen Orientierungswert.

Motivationsmaßnahmen fahren unsere Aufmerksamkeit hoch und stellen Energieträger zur Verfügung. Sie dienen der gesteuerten Vorbereitung auf größere Leistungen.

Abschiedsrituale sichern Gruppenbindungen und reduzieren Beziehungsstress.

Das Muskel- und Kreislaufsystem des Menschen ist darauf ausgelegt, täglich eine Strecke von ca. 30 Kilometer zu gehen. Dies entspricht z.B. dem Trainingseffekt von einer halben Stunde Dauerlauf.

Unter Führungskräften sind mit dem Typ A (siehe Kapitel 6) assoziierte mentale und körperliche Auswirkungen einer chronischen Stressreaktion häufiger.

Wir haben etwa 17 Sinnesorgane. Davon ist eines der Feuchtigkeitsanalysator. Wahrnehmung von Trockenheit in der Nasenschleimhaut löst Aktivierungsimpulse im Sinne eines erhöhten Stress-Basalspiegels und damit verbunden einen gerichteten Bewegungsdrang zu einer Trinkgelegenheit aus. Der Ur-Mensch wusste, dass er nur drei Tage ohne Wasser überleben kann. Auf der Jagd wird viel geschwitzt, Wasser ist da umso wichtiger, um den Kreislauf im optimalen Füllungszustand zu halten.

Eine Erhöhung des Stresshormon-Basalspiegels führt zu motorischer Unruhe, die sich gerichtet oder ungerichtet zeigen kann.

Nach kurzer Zeit hatten sie ein kleines Wasserloch entdeckt. Ein Bächlein speiste es. Die Jäger ruhten kurz und tranken. Sie steckten sich ein paar von den mitgenommenen Trockenfrüchten und Weizenfladen in den Mund. Der halbe Vormittag war vorüber. Sie sprachen über das weitere Vorgehen, aber keiner wusste so recht, was er wollte. In welche Richtung würden sich die Mammuts wohl bewegt haben? Die Männer hatten hier unten in der Ebene einen schlechten Überblick über die leicht gewellte Landschaft und waren auf die Schärfe ihrer anderen Sinne angewiesen.

Männe legte sein rechtes Ohr und seine Hände auf den Boden und lauschte. Er schien irgendetwas bemerkt zu haben. Sein Atem ging schneller. Er hob den Kopf und sagte zielsicher: „Zum Schlaf der Sonne!“ Männe, Paule und Eddy brachen sofort nach Westen auf. Eddy und Paule diskutierten seine Entscheidung nicht. Wenn Männe etwas unternahm, war er sich meist sicher. Seine Intuition und Beobachtungsgabe hatten ihn zum Anführer gemacht.

Plötzlich duckte er sich und ging zu Boden, die beiden anderen hinter ihm. „Da!“ Vorsichtig kamen sie wieder hoch, um über das hohe Weidegras zu lugen. In etwa einer Meile Entfernung bewegten sich fünf dunkle Umrisse langsam nach Norden, genau auf den Eulenwald zu. Die Männer begannen zu fiebern: Da war ihre Beute! Ihr Herz pochte schneller, sie rissen die Augen auf und wirkten angespannt. Alle drei begannen jetzt durcheinander zu reden. „Wir kommen von der Seite und nehmen das Hinterste.“ „Bist du verrückt, dann greift uns der Bulle an!“ „ Ich könnte ihn ablenken.“ „Zu zweit schaffen wir das nicht!“ „Wie viel Pfeile haben wir?“ „Als ob das jetzt wichtig wäre!“ „Weiß nicht.“ „Verdammt, ich hab doch gesagt, ihr sollt alle mitnehmen!“ „Ich hab nicht gesagt, dass es nicht alle sind, ich weiß nur nicht wie viel!“ „Mann, wozu nehmen wir dich denn mit?“ Sie redeten sehr schnell und in einer dumpfen und monotonen Stimmlage, um nicht auffällige, hohe Frequenzen auszusenden. Hohe, melodische Frauenstimmen hätten sie jetzt vielleicht verraten. Schließlich platzte Männe der Kragen: Er packte Paule am Köcherriemen und sah ihn durchdringend an, als wäre er sein nächstes Opfer und nicht etwa das Mammut.

Gefährlich leise zischelte er: „Du rennst vor zur Schlucht und gehst zu den großen Felsen, die wir letztes Jahr oberhalb der Enge klargemacht haben. Ich und Paule treiben das Tier gleich hinter dem Bullen aus der Reihe und hetzen es zur Schluchtenge. Dann weißt du, was du zu tun hast. Aber sieh zu, dass du zur rechten Zeit die Falle zuschnappen lässt. Du bist mir verantwortlich!" Er sagte das präzise und abgehackt, Männe setzte alles auf eine Karte. Das Risiko eines Fehlschlages bestand jederzeit. Alle Schritte waren aufeinander abgestimmt und voneinander abhängig. Wer die Sache ausbaden musste, wenn es schief ging, war auch schon geregelt. In Paule stieg Aggression und Unmut auf. Er war geladen und sah Männe mit einem bösen Blick an. Männe hatte es registriert und wollte ihn nicht gänzlich verärgern. „Ist ja gut, kriegst schon deinen Teil", sagte er in einem wärmeren, verbindlichen Ton. Paule sah kurz zu Boden und wieder auf. Sein Unterkiefer schob sich entschlossen nach vorne und er suchte Männes Blick erneut, den dieser ruhig und fest erwiderte. Jetzt erst waren beide überzeugt, dass es klappen würde.

Eddy schneuzte sich die Nase und hüpfte nervös von einem Bein aufs andere. „Komm", sagte Männe und schlug ihm mit der flachen Hand fest zwischen die Schulterblätter, so dass er stolperte. Paule war schon losgerannt in Richtung Eulenwaldschlucht, während die beiden anderen sich nunmehr behutsam an die Mammuts heranpirschten.

In unseren Gelenken haben wir Nervenrezeptoren, die imstande sind, Vibrationen wahrzunehmen. Erschütterungen ab einer bestimmten Stärke lösen kaskadenartig eine Stressreaktion aus. Andauernde Maschinenvibrationen führen ab einer bestimmten Stärke zu einem chronisch erhöhten Erregbarkeitsniveau. Wir nehmen heute an, dass dieses Sinnessystem dazu diente, vor Erdbewegungen (drohender Höhleneinsturz, Erdbeben etc.) zu warnen und um Erschütterungen durch Schritte von Großtieren zu orten. Es ist ein Warnsinn und einer der zahlreichen Stressoren in der technischen Welt.

Heute noch gibt es gegen zehn Uhr das Keks- und Kaffeeritual in der Besprechungswelt. Durch Biorhythmus und Nahrungsaufnahme kommt es zu einem kleinen Aufmerksamkeitseinbruch. Die mentale Ausrichtung auf Ziele ist in solchen Situationen bemerkenswert lausig.

Listening Skills werden heute wieder verstärkt trainiert im übertragenen Sinne, um maximale Kunden-(= Beute) orientierung zu erreichen.

Im Stress spannt sich die Nackenmuskulatur an, der Kopf wird zwischen die Schultern gezogen. Viele „ducken" sich vor großen Projekten.

Das Auge fokussiert auf die Ferne, denn dort wird unter Stress das Ziel ausgemacht: entweder die Beute, der Feind oder der Fluchtweg. Das „Naheliegende" sehen wir nur unscharf in diesem Zustand …

Das Sprechverhalten erfährt ab einem bestimmten Stressausmaß eine dramatische Änderung: Die Sprechgeschwindigkeit beschleunigt sich, die Stimme wird monoton und tief, alle reden durcheinander, die Sätze verlieren zunehmend ihren grammatikalischen Aufbau, komplexe Themen können nicht mehr kommuniziert werden, wir richten unser Orientierungsbedürfnis verstärkt an Zahlen aus, die Redeweise nimmt Befehlsformen an (siehe auch Typ A).

Blickkontakt ist ein starkes Mittel zur Herstellung einer Bindung unter Individuen und Gruppen – er entspannt. Ein gestresster Blick hingegen kann zu Missverständnissen führen: Der Angeblickte fühlt sich als Zielobjekt, als Beute (siehe auch Typ A).

Im übersteuerten Stress können wir meist keine Entscheidungen fällen. Wir sind blockiert zwischen Flucht und Angriff. Erst ein gezielter Moment der Entspannung führt zu Entscheidungen und zur Entfaltung eines gerichteten Verhaltens. Auch ein freundschaftlicher ermutigender „Schlag" kann eine solche Situation lösen und wir können uns wieder orientieren.

Wenig später begann die Jagd. Männe und Eddy trieben das zweite Tier aus der Reihe: Männe schlug von hinten, während Eddy laut schreiend vorneweg rannte. Oben am Schluchteingang wartete schon Paule bei den großen Felsen, die sie letztes Jahr in eine Position gebracht hatten, so dass jeder der drei fast tonnenschweren Felsen von einem Mann mit einem Hebel nach unten in Bewegung gebracht werden konnte. Das Mammut näherte sich dem Eingang. „Jetzt, jetzt!", schrie Eddy, der vorneweg rannte. Paule stemmte sich mit aller Kraft auf den Hebel, der Felsbrocken stürzte die 20 Meter hinab – genau auf den Kopf des Mammuts, das benommen zu Boden ging. In diesem Moment des Triumphs stürzten sich Eddy und Männe auf das Tier, um es zu töten. Ein wahres Gemetzel entstand, wie wild und ohne Sinne schlugen die beiden mit letzter Kraft und ihren Waffen auf das Tier ein. Auch Paule bekam noch zu tun, um den Koloss zu erledigen. Alles war voller Blut.

Sie stimmten ein Triumphgeheul an und sicherten den Platz gegen andere Fressfeinde wie Höhlenlöwen und Schakale. Sie begannen, Reisig zu sammeln und an beiden Schluchtzugängen Feuer zu entfachen. Sie wussten auch, die zu Hause würden den Rauch sehen und die Nachricht zu deuten wissen: Es hatte geklappt, für die nächsten Monate war genug Fleisch vorhanden! Männe begann das Tier zu zerlegen und schnitt aus dem Rücken mehrere große Fleischteile heraus und übergab sie Eddy für eine kleine Grillparty.

Die Sonne stand im Zenit und es war Zeit zu essen. Das Fleisch wurde kurz angegrillt und ziemlich roh genossen. Alle drei lagen danach etwas erschöpft im Schatten der Schlucht. Immer wieder richteten sie den Blick auf die Beute neben ihnen und sprachen davon, dass sie in den nächsten Wochen auch mal wieder ins östliche Tal wandern wollten, um zu den heißen Quellen zu gehen. Sie wollten dort einen Tag bleiben und nichts tun. Den Frauen erzählten sie immer, sie hätten dort eigenartige Antilopen gesehen, die leicht zu fangen wären, sich aber nur zu bestimmten Zeiten dort aufhielten. Sie brauchten eine Entschuldigung für ihre Reise … Nachdem sie eine kurze Zeit in Träumen weggenickt waren, wurden sie wach, sahen, dass die Schatten schon wieder länger wurden, und begannen die weitere Zerlegung des großen Tieres vorzunehmen.

Das Muster der Jagd benutzt die beim Rechtshänder in der Regel dominante Gehirnhälfte. Bei zunehmendem Stress treten die Merkmale dieser Seite, wie schnelles Sprechen, Zählen und die Auflösung von Vorgängen in sequenzielle Muster (auf A folgt B, auf B folgt C, auf C folgt D etc.) stärker hervor. Die Fähigkeiten der beim Rechtshänder subdominanten rechten Gehirnhälfte, wie Sprachmelodik (Musik), Träume, Visualisierung, Auflösung von Zusammenhängen in vernetzten Modellen, werden unter zunehmendem Stress ausgeblendet.

Vor dem Mittagessen werden meist irgendwelche Sicherungsrituale durchgeführt – das Zeitfenster des Essens soll keine Störung erfahren. Der Biorhythmus und die Nahrungsaufnahme sorgen für einen Abfall des Erregbarkeitsniveaus mit kurzen Einschlafkrisen. Das Immunsystem ist zu dieser Zeit aktiv, denn die Nahrung gilt als potenziell inkompatibel zum Körperinneren. Vor 50.000 Jahren gab es schließlich noch keine Nahrungsmittelgesetze und gegessen wurde viel halbrohe und bakteriell kontaminierte Nahrung.

Stress und Immunsystem verhalten sich in ihren Aktivitätskurven ausschließend. Im chronischen und erhöhten Stress ist das Immunsystem dauerhaft heruntergefahren, im Tagesgang entsprechend dem Biorhythmus.

Visionen und Träume, Ausdruck unserer Flexibilität, wollen sich im Stress nicht einstellen, sie benötigen eine längere mentale Verlaufszeit, als für ein schnelles Reagieren im Überlebenskampf sinnvoll wäre.

Bei der Zerlegungsarbeit entdeckten sie, dass wohl ein bestimmter Speerstich Männes den Tod des Riesen herbeigeführt hatte. Aus einer Stichwunde hinter dem Ohr waren wohl riesige Blutmengen herausgespritzt, was sie in der Hitze des Gefechts nicht wahrgenommen hatten. Aber die Gegend rundherum war total eingefärbt. Eddy hatte es entdeckt und zeigte es den anderen beiden. Sie versuchten, sich die Stelle einzuprägen, und verfolgten den Stichkanal. Paule wollte wissen, ob auf der anderen Seite des Kopfes ebenfalls eine solche Stelle war, was sich aber als schwierig erwies. So forschten sie eine Weile herum und diskutierten, wie sie diese Erkenntnis beim nächsten Mal nutzen wollten. Eddy bot sich an, in der Höhle eine Zeichnung davon anzufertigen. Davor wollten sie dann trainieren.

Paule bekam den Auftrag, die Beute diese Nacht zu bewachen, Männe und Eddy würden heimgehen und schon mal die ersten großen Stücke nach Hause schleppen. Morgen würden sie dann den Rest versorgen und das ganze Tier in kleineren Stücken auch mit Hilfe der Frauen in die Höhle transportieren.

Auf dem Heimweg mussten Eddy und Männe immer mal wieder absetzen; sie nutzten die Gelegenheit, um noch ein paar Beeren und Pilze einzustecken. Sie erwarteten sich dafür Sonderlob von den Frauen.

Am Nachmittag beginnt vom Biorhythmus her die beste Zeit für Kreativität und Lernen, die operative, stressdominante Phase ist vorüber.

Am späteren Nachmittag zeigen wir auch heute noch eine bemerkenswerte Lust einzukaufen. Nicht nur wegen sonst mangelnder Möglichkeiten: irgendeine Kleinigkeit müssen wir noch haben, heim bringen, finden etc.

Gegen Sonnenuntergang erreichten sie die Höhle. Ein großer Trubel empfing sie. Alle wollten genau wissen, was passiert war, aber Eddy und Männe waren geschafft vom ereignisreichen Tag und wirkten jetzt, da sie zuhause waren, eher mürrisch und abgespannt. Was bei Männe dazu führte, dass ihm Pussy die Sachen abnahm und ihm ein bequemes Lager machte, während Eddy eher Pech hatte. Er bekam Schelte, Emma fragte ihn, ob er noch ganz dicht wäre, die Morcheln mitzunehmen, es könnten auch giftige drunter sein, und ob er sich bitte mal sofort das verstauchte Bein seines Jüngsten anschauen könnte, der heute vom Baum gefallen war …

Das große Feuer vor der Höhle wurde angefacht, die Fleischstücke wurden aufgelegt und alle versammelten sich, um zu essen. Erstaunlich, wie viele Vorräte die Frauen plötzlich noch herbeizauberten – Männe wunderte sich, denn angeblich war schon gar nichts mehr da! Trotzdem war es gut, dass sie jetzt das Mammut hatten. Sie aßen und tranken.

Danach wurden Geschichten erzählt. Von der Jagd, wie Eddy geschrien hatte und wie tapfer Paule war, wie Männe die Jäger zur Räson gebracht hatte, wie groß und stark der Bulle war, wie sie das Mammut erstochen hatten und – gezielt natürlich – dass sie in den nächsten Tagen unbedingt mal ins östliche Tal müssten, da gäbe es … Die Frauen tauschten Blicke.

Mit aufgerissenen Augen und Mündern umlagerten die Kinder die beiden Helden, gedachten des armen Paule, der sich jetzt alleine in der Nacht fürchten musste usw. Die Frauen waren letztlich auch stolz, aber die Dramaturgie dieser Show kannten sie schon ein wenig von früheren Gelegenheiten.

Eddy war noch richtig überdreht und fing an zu singen und zu tanzen. Die Kinder freute es und sie tobten mit. Männe sah sich hingegen nach einer Gelegenheit um, um mit Pussy nach hinten zu verschwinden. Mausi war ein wenig besorgt wegen Paule und holte verdorbenen Traubensaft, um ihn sich mit Eddy zu teilen, der gerne bei solchen Gelegenheiten zuschlug. Erst spät um Mitternacht wurden alle ruhiger, die Kinder hatten erstaunlich lange durchgchalten und redeten leise, halb eingeschlafen, noch vor sich hin, erzählten die Geschichten auf ihre Art nach. Eddy plumpste irgendwann wie tot in eine Ecke, die gar nicht seine Schlafstatt war.

Mit Abnahme des Tageslichts wird Melatonin aus der sog. Zirbeldrüse verstärkt ausgeschüttet: Es regt das Immunsystem, die Kreativität und Phantasie an. Nebenbei macht es etwas müde. Der Tagesrhythmus ist immer noch auf wach, aber mehr auf ausgeglichen gestellt, wenn alles wie im Bilderbuch verläuft …

Sitzen im Kreis, gemeinsames Essen, Geschichten erzählen und singen verstärken die Gruppenbindung und sind aktive Relaxatoren – die Gegenspieler der Stressoren.

Zu dieser Tageszeit werden unterschiedlichste intuitive Bewältigungsstrategien für den Tagesstress herausgekehrt: Die einen essen, die anderen betätigen sich noch körperlich, andere suchen Sex, andere Alkohol – es wird davon noch ausführlicher zu berichten sein.

Leicht stressbare Naturen häufeln Relaxatoren, bis diese in einer geballten Summenwirkung sie in einen Ohnmachtsschlaf zwingen, meistens eine Kombination von Essen und Alkohol.

Geschichten erzählen ist ein sanfter Relaxator, der die bildhafte Verarbeitung von Tagesereignissen triggert.

Bloß Emma konnte nicht schlafen. Sie hörte ein leises Tropfen von der Höhlenwand. „Das ist manchmal", sagte Männe, um sie zu beruhigen. „Heute ist es aber anders", kam die geflüsterte Antwort von Emma, „es kommt von oben Wasser!" „Na und", brummte Männe. „Na und? Und wenn sich der Bach durchfrisst und die Höhle zum Einsturz bringt? Soll alles schon vorgekommen sein, meine Mutter …" „Schscht", zischelte Pussy. Das Tropfen ging weiter. Männe wusste, dass auch sein Schlaf dahin wäre, wenn er dem Geräusch nicht nachging. Er entdeckte die Stelle: Von einem der Holzkrüge, die an der Decke hingen, kam es. Da war ein kleiner Riss, es musste schon den ganzen Tag so getropft haben. Er nahm ihn herab, schüttete das Wasser nach draußen und legte sich wieder hin. „Hätte ja sein können, wer weiß?", sagte Emma noch und schlief sofort ein.

Tief in der Nacht schrie der Jüngste der Gruppe auf. Die Zähne plagten ihn. Hämmernd schoss Pussy, Emma und Mausi das Blut in die Adern, alle waren auf einen Schlag hellwach. Der Kleine schrie weiter. Sie wurden immer wütender und aggressiver. Sie begannen Mausi, deren Kleiner es war, Vorwürfe zu machen, sie hätte ihn vor dem Schlafengehen länger am Süßholz beißen lassen sollen. Erst nach einer Weile beruhigte sich das Kind. Die Frauen waren noch länger wach und lauschten in die Dunkelheit. Eddy und Männe schnarchten.

Das leise stete Tropfen von Wasser ist ein Stressor erster Größenordnung. Wieso? Die hier gegebene Erklärung ist nur eine von mehreren möglichen. Es ist ein Warnsignal vor Überschwemmung und anderen Katastrophen.

Männer scheinen gegen nächtliche Stressoren unempfänglicher zu sein als Frauen. Mangelnde Phantasie?

Kindergeschrei in der Nacht ist ein schreckliches Ereignis, denn es lockt Fressfeinde des Menschen an, die eine leichte Beute – ein verlassenes Baby – wähnen. Die Aufregung hat zum Zwecke des Überlebens entsprechend groß zu sein. Die Stressreaktion kann hier massiv ausfallen.

Unsere Geschichte – der Tagesverlauf unter Stress und Entspannung, so wie ihn die Evolution für uns entworfen hat – ist hier zu Ende. Sie können sie selbst mit Ihrem eigenen Erfahrungsschatz und Ihrer Beobachtungsgabe weiter schreiben. Es gäbe noch viel mehr Erstaunliches zu entdecken. Gewisse Parallelen zum Business-Alltag werden Ihnen kaum entgangen sein.

Ob diese Erklärungsmodelle „stimmen“, wissen wir nicht, wir alle waren nicht dabei und haben keine Berichte aus der Urzeit. Dennoch: Der „Sinn“ der Stressreaktion erschließt sich nur, wenn man die durch sie ausgelösten Phänomene vor den Hintergrund einer überlebensfeindlichen und durch Mangel geprägten Umwelt stellt. Unser Problem heutzutage resultiert aus der Veränderung des Kontextes, die Welt ist anders geworden. Wir haben jedoch die Möglichkeit, mit den Folgen und den

Auslösemechanismen der Stressreaktion aktiv und bewusst umzugehen, ja, wir können sie sogar für unsere heutigen Zwecke und Bedürfnisse aktiv nutzen. Aber das hierfür erforderliche Repertoire muss immer aufwendiger erlernt werden. Denn der Stresspegel, das Grundrauschen, nimmt nicht ab, sondern zu. Gleichzeitig nehmen die Sehnsüchte nach Entspannung zu. Sie sollen natürlich mit den Mitteln der Jetzt-Zeit erreichbar sein: Zukauf dieser offenbar outgesourcten Fähigkeit durch den Erwerb von Urlaub, Gütern, Erlebnissen, Regenerationsmaßnahmen, Unterhaltung. Die Unfähigkeit und Entmündigung in Bezug auf die Selbststeuerung dieser Entspannungskompetenz zieht eine sekundäre Industrie nach sich: die der Helfer. Es ist die Rede von Therapeuten, Coachs, Lebensberatern jedweder Couleur, Esoterikern und akademischen Experten unter Profilierungsdruck – von Religionen und Sekten ganz zu schweigen. Naturgemäß haben diese Wissensverkäufer wenig Interesse an einer „Be-Mündigung" ihrer Klientel – dementsprechend verpackt wird das Wissen portioniert und punktuell geliefert, ohne eine generelle Befähigung zur Zielerreichung zu haben.

Diese Schrift soll dazu beitragen, dem Leser selbst ein größtmögliches Maß an Freiheit und Unabhängigkeit von diesen sekundären Industrien zu ermöglichen, indem es ihn qualifiziert, das Management seiner Ressourcen selbstverantwortlich zu steuern. Er leistet damit einen Beitrag zur sinnvollen Reorganisation unserer Kultur.

2. Die Stressreaktion

Mal im Ernst: Was haben Sie in der Schule über Stress gelernt? Nein, nicht die Vergabe der Zeugnisse ist gemeint, sondern: In welchem Fach hat man Ihnen etwas davon berichtet? Falls ja, umso besser. Vielleicht haben Sie damals auch den Begriff definieren müssen. Um es zu wiederholen: Es gibt eine systematische Begriffsverwirrung darüber, was Stress ist.

Das liegt zum einen daran, dass der Begriff kulturspezifischen Sichtweisen unterworfen ist. In England sieht man die Dinge anders als in Österreich. Daran ändert auch die Tatsache nichts, dass die meiste Fachliteratur in englischer Sprache erscheint. Zum anderen liegt es daran, dass es mit dem Menschenbild zu tun hat, das der jeweilige Autor/die Schule/Wissenschaft zugrunde legt. Dennoch hat sich auf dem Boden naturwissenschaftlicher Erkenntnisse eine mehrheitliche Meinung gebildet, die auch Grundlage unserer Betrachtung ist. „Wieso naturwissenschaftliche Erkenntnisse?“, mögen Sie fragen. Ganz einfach: weil Stress oder die Stressreaktion ein biologisches Phänomen mit erheblichen medizinischen Auswirkungen ist.

Dies verpflichtet auch uns, mit einer Definition zu beginnen.

Wir leben in einer technischen Zivilisation. Unsere Wahrnehmungswelt beeinflusst auch die in uns entstehenden Erklärungsmodelle, die es uns erlauben, unsere subjektiven Erfahrungen zu ordnen und zu strukturieren. Das entsprechende Vorherrschen von technologisch geprägten Erklärungsmodellen findet auch beim Stress seinen Niederschlag. Für den Techniker gilt: *Stress ist eine auf einen physikalischen Körper oder ein System einwirkende äußere Kraft.*

In etwa so:

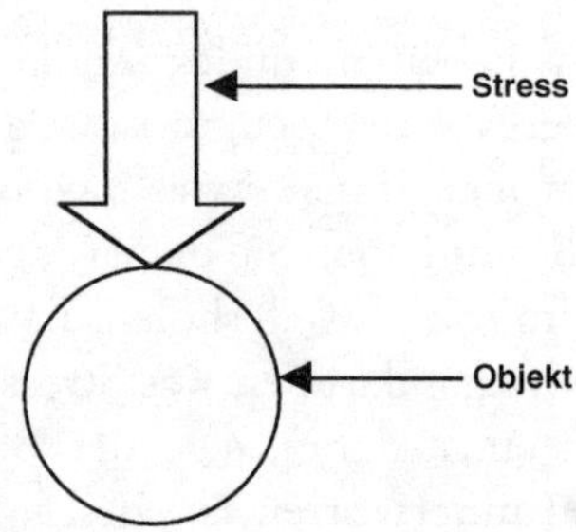

Dieser auf ein Objekt einwirkende Stress führt dann zu einer Verformung, zu Haarrissen, Verbiegung, Dehnung, Schrumpfung, Explosion – was auch immer. Diese Auswirkung auf das Objekt wird „Strain" genannt, die Belastung, die sich in Materialermüdung oder Systemstörungen bemerkbar macht.

Der Begriff kommt aus der Materialprüfung, wo genau dieses experimentell durchgeführt wird, um die Qualitätsanforderungen von Produkteigenschaften zu testen. Genau dieser Stress führt dann zu Erscheinungen am Objekt: dem so genannten Strain. Im nächsten Schritt sieht das Modell so aus:

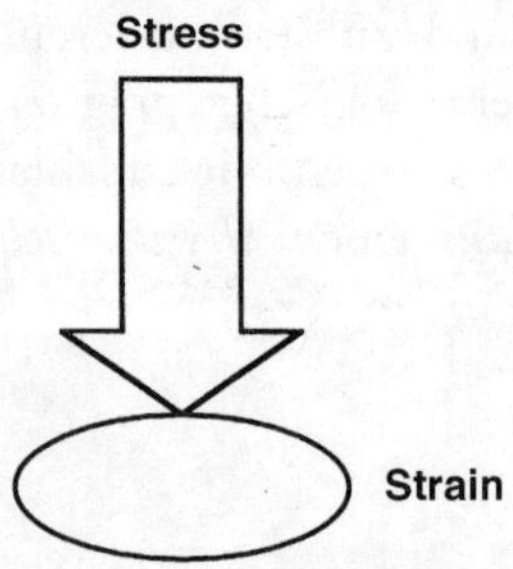

In diesem Fall macht sich der Strain, die Belastung, durch eine Verformung bemerkbar. Wenn der Stress in diesem Modell immer weiter erhöht wird, kommt es schließlich zum Zusammenbruch des belasteten Objekts:

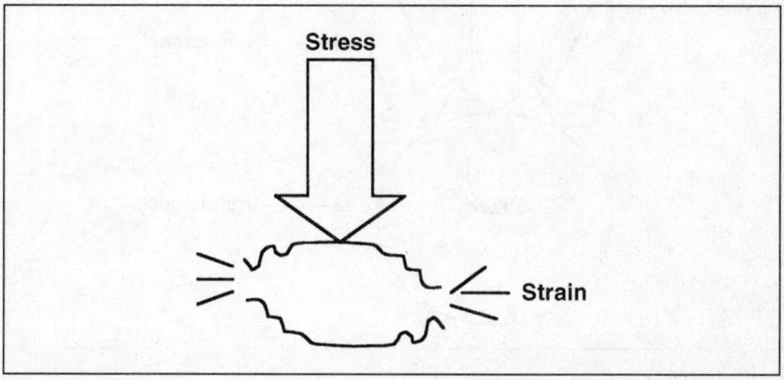

Und was immer es einmal war: Jetzt ist es endlich kaputt! Klar, werden Sie vielleicht sagen, bei mir ist das auch so: das Berufsleben drischt auf mich ein und schließlich gehe ich daran noch kaputt!

An dieser Stelle rufen wir Halt! Steigen Sie bitte aus dem technischen Erklärungsmodell aus und sehen Sie sich mal im Spiegel an: Sind Sie ein Auto? Oder eine Schweißnaht? Gehen Sie vielleicht einmal im Jahr zum Arzt, in dem Irrglauben, dort fände ein TÜV statt und Sie kriegen dann eine Funktionserlaubnis für die nächsten drei Jahre? Dann sollten Sie sich den Abschnitten über die Mythen der Neuzeit zum Thema Stress widmen und dort aufräumen.

Sicher werden Sie mir zustimmen, wenn ich behaupte, Sie seien ein Subjekt, etwas Lebendiges, ein Individuum und wesentlich komplexer als ein Fußball, der einem Belastungstest unterworfen wird. Demzufolge steht ihnen auch ein anderes Grundmodell zur Erklärung des Stressphänomens zu: das biologische. Und das sieht so aus:

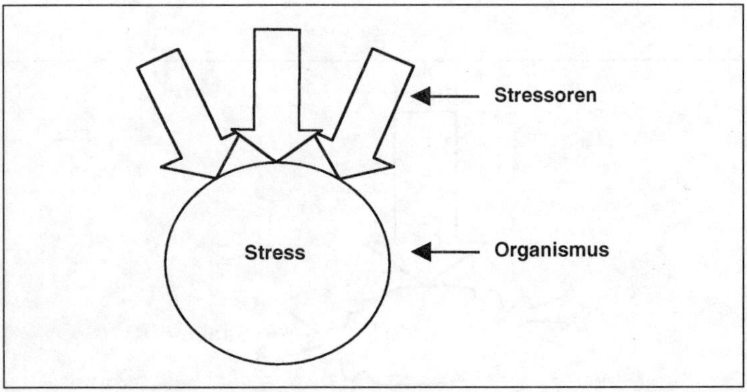

Dieses Modell bedeutet:

1. Außerhalb des Organismus sind die Stressoren, nie der Stress!
2. Die Stressoren führen zur Auslösung von Stress als dynamische Eigenreaktion im Organismus: Stress ist etwas Aktives.
3. Stress ist in uns, nicht etwa draußen.

Falls Sie fragen, was aus dem Begriff Strain geworden ist: Wir werden ihn später durch die Beschreibung von mentalen und psychosomatischen Störungen sowie durch bestimmte Krankheiten ersetzen.

Da draußen in der Welt ist also nicht der Stress, da draußen sind lediglich Stressoren. Ja genau, werden Sie sagen, die kenne ich auch! Das ist der Meier und der Müller und der Özmal und der Smith und der Woitlatschek, die rufen mich jeden Tag an! Richtig, aber darunter fällt noch viel mehr. Diese Stressoren sind potenziell *alle Geschehnisse, die wir imstande sind wahrzunehmen.* Sie wissen ja: Was ich nicht weiß, macht mich nicht heiß. Sobald Sie einen Stressor, einen Reiz aus Ihrer Umgebung wahrgenommen haben, ist derselbe potentiell in der Lage, eine Stressreaktion auszulösen. Und diese Reaktion ist dann genau der so genannte Stress, von dem wir so begeistert sind.

Wenn ich hier schreibe: *Sie* nehmen das wahr, dann ist das nur ein Teil der Wahrheit. Es ist das menschliche Gehirn, das über seine zahlreichen Sensoren – Sinnesorgane – wahrnimmt, was draußen passiert. *„Draußen" ist außerhalb des Gehirns.* Das bedeutet, dass natürlich auch ein Schlag in die Magengrube oder ein physischer Tritt auf Ihre Zehen ein Stressor sein und demzufolge eine Stressreaktion auslösen kann.

Mir ist wichtig, dass diese Definition verstanden wird, denn vom technikgeprägten Modell lassen sich intuitiv und lebenserfahrungsgetrieben leider viele völlig untaugliche Stressbewältigungsstrategien ableiten. Wie z.B. der niedlich-naive Versuch, die Welt im Geiste oder durch harte Arbeit von Stressoren grundsätzlich befreien zu wollen in der Annahme, dass das Problem dann endlich beseitigt wäre. Erinnert uns an Sisyphos. Wie sich der Arme doch hat veräppeln lassen … Oder: der weit verbreitete Impuls, mit einem opulenten Mahl dagegenzuhalten und so unsere Entspannungsreaktion anzukurbeln. Die Folgen halten einer kritischen Betrachtung der Personenwaage nicht stand.

Im Folgenden werden hier die Begriffe Stress und Stressreaktion synonym verwendet: Sie drücken ein und dasselbe aus. Der Organismus ist kein Lastwagen, dessen Achse irgendwann bricht, denn er hat viele Adaptationsmöglichkeiten. In der Tat ist die Stressreaktion eines der mächtigen Instrumente, mit denen der Organismus dies zu leisten versucht.
Schauen wir uns zuerst einmal den grundsätzlichen Ablauf einer solchen Stressreaktion an. Was passiert da genau?

3. Der Ablauf einer Stressreaktion

3.1 Stressoren

Am Anfang einer Stressreaktion stehen die Stressoren. Dies ist der fachliche Ausdruck für alles, was potenziell in der Lage ist, uns zu ärgern oder in Angst zu versetzen. Ist das nicht etwas völlig anderes? Nein, die Stressreaktion bereitet den Boden für eine spezifische Reaktion vor: Angriff oder Flucht oder sehr häufig: entscheidungsloses und sinnloses Verbraten von Energie in unseren Körpersystemen.

Welches können Stressoren sein? Jeder äußere Reiz, der von den Sensoren unseres Gehirns empfangen wird, hat das Potenzial, zu einem Stressor aufzusteigen. Der Stressor wird dann erlernt. Oder es handelt sich um Reize, die bereits unserem evolutionären Gedächtnis bekannt sind und auf dem Boden unserer genetischen Grundausstattung zu einer Stressreaktion führen. Meistens können wir die Auslösung dann gar nicht beeinflussen. In solchen Fällen ist – entgegen der Sisyphos-These – die Eliminierung des Stressors manchmal die einzige Lösung. Ein typisches Beispiel hierfür ist unsere Eigenschaft, auf Lärmreize, die uns mit einer Stärke größer als 60 bis 65 Dezibel erreichen, unweigerlich mit einer Ausschüttung von Stresshormonen zu reagieren. Die Evolution scheint schon vor längerem beschlossen zu haben, dass es sich bei Krach solchen Ausmaßes ausschließlich um lebensgefährliche Situationen handeln muss, die unser sofortiges Flucht- oder Angriffsverhalten nach sich ziehen müssen: Lawinen, Löwengebrüll 50 cm neben unserem Ohr, herabstürzende Felsen und Bäume, ein donnernder Wassereinbruch oder ein unerwarteter Anschiss des Stammesführers – mit anderen Worten: Naturkatastrophen. Der technisch verursachte Lärm kann so gesehen wahrnehmungsmäßig nicht ausgeblendet werden, hier muss der Stressor entfernt oder gedämpft werden.

Wenn Sie gefragt würden, was denn Stress sei, würden die meisten von Ihnen spontan eine saubere Liste von Stressoren aufstellen, ganz entsprechend dem uns so vertrauten, jedoch für Organismen unzutreffenden technischen Erklärungsmodell. Diese Liste könnte so aussehen:

- Verantwortung
- Schulden
- Lärm
- Beziehung
- Paradigmenwandel
- Hierarchie
- Trockenheit
- Unfall
- Krankheit
- Termine
- Anforderungsdichte
- Ziele
- Schlange stehen

Weniger spontan fallen Ihnen wahrscheinlich folgende Faktoren ein, aber auch diese sind Stressoren:

- Kaffee
- Vibrationen
- Fressfeinde
- Lob
- Langeweile
- in völliger Stille mit sich allein sein
- Weihnachten
- Nikotin
- Feiern
- Urlaub
- Jubiläum
- Gehaltserhöhung
- Modemgeschwindigkeit

Wenn Sie an dieser Stelle das Gefühl haben, Ihre bisherigen Annahmen reichen nicht ganz aus, um die obige Liste logisch zu erklären, dann haben Sie die Möglichkeit, von dieser Schrift eine Menge zu profitieren. Vielleicht wundert Sie auch das letzte Wort des vorangehenden Satzes. Richtig, der Verfasser legt Wert auf Nutzen- und Praxisorientierung für das anwendende Individuum. Wissen ist wertlos, solange nichts damit getan wird. Das gilt selbst für den Wissenden.

Jetzt könnte sich eine Frage bei Ihnen einschleichen: Na schön, jetzt weiß ich, was alles Stressoren sein können, und was fangen wir jetzt damit an?

Antwort: Mit den Stressoren selber gar nichts, die betrachten wir mal als immer wiederkehrend, aber verfolgen wir mal den Weg des Stressors in unser Inneres, denn dort lauert eine abrufbereite Stressreaktion. Noch ist es nicht ganz soweit. Unser Stressor hat ein paar Barrieren zu überwinden. Es geht ihm wie jeder Nachricht, die uns zu einer Reaktion veranlassen soll: Unser Unterbewusstsein – die schnellste Denk- und gleichzeitig Datenvernichtungsmaschine auf dieser Erde – hat ein paar Filter vorgeschaltet, die der Stressor passieren muss. Es wird sozusagen erst einmal die Zugangsberechtigung überprüft.

3.2 Die Filter

Sie kennen sicher auch Zeitgenossen, die eine erstaunliche Fähigkeit entwickelt haben, unerwünschte Nachrichten unter Vermeidung jedes Handlungsimpulses zum einen Ohr rein und zum anderen Ohr raus zu lassen – ohne Hinterlassung neuronaler Schleifspuren.

Sind das etwa die mit der dicken Haut? Auch gut formuliert, lautet die Antwort. Die Dickhäuter überraschen uns mit einer weiteren Fähigkeit: Bei gewissen Dingen, die andere kaum wahrnehmen, geraten sie in einen solchen Schwung, dass wir Mühe haben, ihn zu stoppen. Wie ist das möglich? Filter. Ja, wir haben Filter auf den Augen; der Volksmund spricht in diesem Zusammenhang von Tomaten. Womit zweierlei klar geworden ist: erstens, dass diese Filter im Kopfe sitzen, und zweitens, dass diese Kontrollstationen an allen Sinneskanälen aktiv sind, an Ohren, Augen, Tastsinn, Schmerzsinn, Geruch usw. Sie könnten an dieser Stelle auf den Gedanken kommen, dass uns ja gar nicht bewusst sein kann, was uns der bewussten Wahrnehmung entzogen wird bzw. wonach unsere Wahrnehmung unbewusst immer sucht und bevorzugt Passierscheine ausstellt. Jedes System der Bestechlichkeit setzt an dieser Stelle an: den Filtern. Sie erlauben uns grundsätzlich eine Vielfalt von Betrachtungsweisen und Wahrnehmungen. Jeder erlaubt seinem Filterset, das wahrzunehmen, was es mit Priorität wahrnehmen soll.

Die Versuchung liegt nahe, zu überprüfen, ob wir hier nicht bereits einen Ansatzpunkt haben, um Stress in den Griff zu kriegen und endlich auf die wichtigen Dinge im Leben zu achten.

Wie bauen sich diese Filter eigentlich auf? Einmal scheint es genetische Prädispositionen zu geben, die uns bestimmte Filter weltweit und kulturübergreifend mit in die Wiege legen. Weder in China noch in den USA gibt es einen Unterschied darin, dass nach 60 Dezibel unsere Filter den Zugang zu Stresshormonen eben freischalten, egal ob Großstadt-Cowboy oder Radler in Shanghai. Die meisten Faktoren sind jedoch kulturabhängig und individuell, wobei ein Grundfilter ständig präsent ist: Schmerzhafte und negative Erlebnisse, die schon einmal Stress ausgelöst haben, besitzen eine weit größere Chance, aktiv zu werden, als Erlebnisse, die stressneutral oder angenehm sind – Ereignisse mit Suchtpotenz ausgenommen. Eigentlich schade, aber sinnvoll. Denn der Evolution geht es mit dem Stressreflex letztlich darum, den Organismus am Leben zu erhalten, deswegen schaltet er sich ein bei allem, was damit zu tun hat: Gefahren, Unfälle, Tätigkeiten zur Existenzerhaltung wie Arbeit schlechthin, Verletzungen, Krankheit, siehe obige Liste.

Aber wann genau und in welchem Ausmaß es losgeht, haben besagte Filter im Griff. Sie verstecken sich hinter Begriffen wie Kultur (Kultur wird hier gleich bedeutend mit dem angelsächsischen Begriff „Culture“ verwendet), Religion, Erziehung, Persönlichkeitsausprägungen, individuelle Grundüberzeugungen, Wissen.

Jetzt dürfte deutlich genug sein, dass Stress nicht einer plumpen geradlinigen Logik folgt, sondern, zumindest was die Auslösungsseite betrifft, viele Varianten zeigt. Die Variantenvielfalt ist groß bei den Stressoren, die uns über Sinneskanäle erreichen und meist als psychologische/soziologische Stressoren eingeordnet werden. Sie ist kleiner, wenn es an die physischen und chemischen Stressoren geht. Was damit gemeint ist? Der Hammer, der uns auf den Zeh fällt, der Ozongehalt, der unsere Schleimhäute angreift, der Zigarettenrauch, den wir durch die Lungen jagen, die Menge an gebratenen Fetten, die wir verdauen lassen wollen, und anderes mehr. Wir kommen noch darauf zurück.

3.3 Die akute Stressreaktion

Geht's jetzt endlich los? Ja, und zwar richtig. Die Wahrnehmung eines Stressors hat verschiedene Filterstationen überwunden und nun ergeht endlich ein Nervenimpuls an eine kleine Drüse in unserem so genannten Reptilienhirn, welche die Ausschüttung einer Hormonkaskade veranlasst. Ein Routinevorgang soll ausgelöst werden: die Aufregung. Damit diese Routine ungestört von akademischen Zweifeln abgefackelt werden kann, setzt der Organismus hier gänzlich auf Hormone und verzichtet auf Einflussnahme durch höhere Hirnfunktionen. Zu Urzeiten mag es hier tatsächlich Ausnahmen gegeben haben. Denken Sie an den Zeitgenossen, der dem fauchenden Tiger in der Höhle gegenübersteht, und anstatt auf die Bestie einzuschlagen oder schnellstens abzuhauen, stellt er sich hin, zieht das nette Kätzchen am Schwänzchen und an den Barthaaren, um seinem Forscher- und Spieltrieb ausgerechnet jetzt freien Lauf zu lassen. Ergebnis: Diese Protoypen gibt's nicht mehr, die sind alle gefressen worden. Die Inkorporation des betreffenden Erbgutes verhinderte eine effektive Weitergabe desselben, es hatte einfach schlechte Chancen, in Serie zu gehen.

Was jetzt passiert, ist Folgendes: Geringe Mengen von ACTH (adrenocortico-tropes Hormon), werden in die Blutbahn ausgeschüttet, die über den Blutkreislauf im ganzen Körper verteilt werden. Sie erreichen auch die beiden Nebennieren, kleine Organe, die am oberen Pol unserer beiden Nieren liegen. Genau da sollen sie auch hin, denn dort sitzen große Speichermengen der beiden Stresshormone: Adrenalin und Noradrenalin. Diese werden nun in einem zweiten Schritt freigesetzt. Sie sind schon in winzigen Konzentrationen hoch wirksam. Ihrerseits lösen diese Stoffe nun eine ganze Batterie von Reaktionen aus. Diese beiden Hormone sorgen für dramatische Eingriffe in den Zellstoffwechsel einer *jeden* (!) Körperzelle. Die physiologischen Veränderungen in unserem Körper werden von unserem Gehirn nun wiederum sekundär wahrgenommen. Jetzt erst befinden wir uns mittendrin und merken, wovon alle reden: „Schon wieder so ein Stress hier!“ Diese innere verbale Äußerung oder nach außen getragene Flüche sind dann die Reaktion unseres Sprechgenerators auf diesen inneren Zustand. Meistens ist diese Äußerung weitgehend standardisiert: „Sch…!“ und gehört zum Grundrepertoire einer jeden Sprachausbildung weltweit. Das Wort wird im Alltag häufiger gebraucht als alles andere. Zählen Sie doch mal mit …

Bei länger anhaltenden und wiederkehrenden Stressreizen wird zusätzlich eine zweite Achse aktiviert: Cortisol, ein weiteres körpereigenes Hormon, wird ausgeschüttet und sorgt für eine Stoffwechselumstellung im Körper, um mit längerfristigen Bedrohungen fertig zu werden. Die Stressreaktion will uns et-

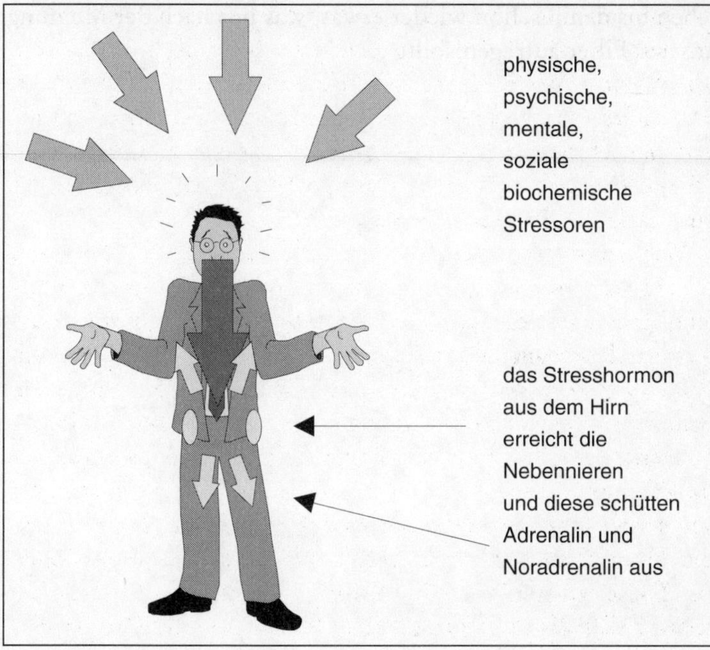

was Gutes: Wir sollen überleben und werden daher mit einem Höchstmaß an Brennstoffen im Blut, wie Zucker und Fetten, mit einer erhöhten Grundanspannung unserer Muskulatur, mit höherem Blutdruck und schnellerem Herzschlag versorgt. Nach dem Motto: „Da draußen gibt's ständig Zoff und du bist ständig drauf vorbereitet!" Übrigens, das Gehrin macht auch mit – davon später mehr.

Die inneren Auslöser der Stressreaktion sind also schon identifiziert. Adrenalin und Noradrenalin erreichen auch das Gehirn und sorgen dort an bestimmten Rezeptoren für die Meldung, dass sie den Körper gerade mal wieder unter Stress setzen. Daraufhin wird die Ausschüttung von ACTH, dem Auslöser im Gehirn, gebremst und die einmal losgetretene Aufregung klingt in den nächsten 20 Minuten wieder ab, es sei denn, wir sehen bis dahin schon wieder etwas, was uns nach der Meinung unserer Filter aufregen sollte …

4. Die Auswirkungen einer akuten Stressreaktion

Lassen Sie uns im Folgenden die direkten Auswirkungen der Stressreaktion ansehen. Wozu? Danke für diese Zwischenfrage. Damit Sie danach in der Lage sind, unabhängig von Fremdbeurteilern, Auditoren und Testbatterien bei sich in allen Lebenslagen Indikatoren festzustellen, die Ihnen verraten, wie weit Sie gerade unter Stress stehen und wann Sie endlich etwas für sich tun sollten. Es hilft Ihnen bei der täglichen Lebensführung und bei der Planung Ihrer Biografie.

Das Auge

Es reagiert mit Pupillenerweiterung und Einstellung des Fokus auf die Ferne.

Da kriegen Sie große Augen, wenn Sie im Stress sind. Wieso? Um schlüssige Erklärungen für diese Reaktionen zu bekommen stellen Sie sich bitte einmal vor, wir befinden uns 50.000 Jahre vor unserer Zeit. Da lebten die Menschen in Höhlen – von der Hand in den Mund und in ständiger Gefahr. Wenn da im Dunkel der Nacht ein Stressor sich hereinschlich, war es durchaus überlebensfördernd, mit weit aufgerissenen Augen und weiten Pupillen den letzten Rest Licht zu erwischen, um die Gefahr zu orten. Außerdem wurde der Fokus auf die Ferne gestellt. Die Barthaare des Tigers zu untersuchen und andere Details in Greifweite der Hände erforschen zu wollen wäre mit Sicherheit dumm gewesen, siehe oben. Da guckt man besser nicht so genau hin. Stattdessen sollte sich das Auge lieber rasch auf den Fluchtweg in die Ferne konzentrieren. Dumme Zwischenfrage aus der Neuzeit: Fühlen Sie sich vor dem Computer mit Fokussierung Ihrer Augen auf nahe liegende Sehstrukturen (= Bildschirmabstand 60 cm) auch auf der Flucht? Ihre Sehschärfe könnte einen Konflikt haben. Gilt nun Computer = Stress (ein weit verbreiteter Glaubenssatz der Jetztzeit) oder sind Sie durch andere Stressoren gestresst, setzen sich vor das Gerät und merken dadurch, was mit Ihnen los ist (Augenprobleme vor dem Bildschirm)? Der Preis für die richtige Antwort ist: Ihre Effektivität und Gesundheit. Preisträger(in) könnten Sie selbst sein.

Welche dramatischen Folgen diese Fokussierung auf die Ferne haben mag, zeigt diese Geschichte, die mir ein Klient einmal erzählte: „Ich sollte als Vertreter für einen Experten auf einem Kongress einen Vortrag halten. Noch nie hatte ich etwas Vergleichbares getan. Reden vor vielen Leuten machte mich immer unsicher, aber diesmal hatte ich keine Wahl. Um mich gut vorzubereiten, schrieb ich den Vortrag nieder und übte das Vortragen im Kreise der Familie schon Wochen vorher. Alle guten Ratschläge nahm ich auf, versuchte sie umzusetzen und fuhr dann optimal vorbereitet auf die Tagung. Als ich an der Reihe war, spürte ich doch eine starke Aufregung, was dazu führte, dass mir die Stimme regelrecht wegrutschte. Ich schlug das Manuskript auf und wollte beginnen, aber da passierte es: Ich konnte keinen Buchstaben mehr erkennen, denn ich sah plötzlich alles nur noch verschwommen und unscharf. Ich versuchte, die Augen zusammenzukneifen, zu reiben, nichts half. Das Einzige was ich deutlich und klar lesen konnte, war hinten am Ausgang des Saales das Schild mit der Aufschrift „Ausgang“. Jemand anders musste dann den Vortrag ablesen.“

Das Herz

Es reagiert mit einer Frequenzsteigerung, Kraftsteigerung, und Erregbarkeitssteigerung des Herzmuskels (Zwischenschläge).

Die Blutpumpe, der Motor des Kreislaufs, läuft vorsichtshalber schon mal, wenn auch meist umsonst, im Leerlauf etliche Umdrehungen höher: Ein Schnellstart könnte erforderlich sein, um der Gefahr zu entkommen. Das Herz schlägt uns bis zum

Halse, weil jetzt auch der Blutdruck steigt, uns zerreißt es gleich, die Situation macht uns Druck – der Volksmund formuliert bereits, was da passiert. Wenn Sie manchmal in Ruhe ein Herzstolpern spüren und ansonsten herzgesund sind, kann dies die Folge einer erhöhten dauerhaften Erregbarkeit der Herzmuskulatur auf Grund von Stresshormonen sein: die so genannten „nervös" bedingten Herzbeschwerden. Ihr Herz will eigentlich bloß eins: dass Sie jetzt körperlich tätig werden und vielleicht mal losjoggen. Ein gewisses Quantum, nämlich so etwa 30 km Fußmarsch mit Sprinteinlagen erwartet unsere Physiologie täglich sowieso, siehe unsere Evolutionsstory von Kapitel 1. Das brauchten wir Tausende von Jahren lang, um Nahrung für die Gruppe in der Höhle zu finden, um Fressfeinden zu entkommen etc. Heute machen wir es uns bequem und wundern uns, wieso dieser körperliche Mangel nicht gleich bedeutend ist mit weniger Stress, sondern eher mit der verschärften Wahrnehmung desselben.

Die Bronchien

Die Bronchien gehen auf Weitstellung und die Atmung beschleunigt sich.

Logisch: Die Luftröhre vergrößert ihren Querschnitt, denn wenn jetzt geschrien und gerannt wird, muss mehr Luft in die Lungen rein und raus. Mit tiefen Seufzern allerdings entspannen wir uns nicht: Ein tiefer Seufzer erzeugt eine plötzliche Ausschüttung von Stresshormonen. Wie schwer wir es doch haben! Spätestens dadurch. „Wie ich das hörte, musste ich gleich erst mal tief Luft holen!" Der urzeitliche Schnauferer wollte sagen: Pass auf, gleich brauchst du noch mehr Luft, wenn hier die Schlägerei losgeht, wir holen uns schon mal eine Extraration Sauerstoff vorneweg. Die ganze Aktion geht natürlich unter Anspannung der Muskeln zwischen den Rippen vor sich. Da unser Brustkorb seine Bewegungen gegen knöcherne Begrenzungen ausführt, wo zum Teil gar keine Gelenke, sondern nur knorpelige Stoßverbindungen sind, kann es sein, dass uns nach einer längeren Stressepisode durch Muskelkater die Anstrengung als Schmerz „im" Brustkorb bewusst wird. Dies macht Angst, wissen wir doch aus frühkindlicher Gesundheitserziehung, dass ein Herzinfarkt sich auch so meldet. Erschwerend kommt hinzu, dass die meisten von uns Rechtshänder sind und der große Brustmuskel rechts durch das tägliche Training etwas kräftiger ist. Die Folge: Die linke Brustkorbseite erwischt's häufiger, wo das Herz dem Volksliedglauben nach sitzt. Das sollte Sie nicht dazu verleiten, Schmerzen im Brustkorb künftig zu bagatellisieren, aber echte Herzschmerzen erkennen Sie am Druck hinter dem Brustbein in der Mitte des Körpers bzw. an heftigem Magenbrennen oder -druck.

Magen, Darm, Gallenblase

Sie verursachen bei Stress eine Appetithemmung, Hemmung der Magenentleerung, Hemmung der Verdauungsvorgänge und leiten eine Gärungsverdauung ein.

Also bitte: Jetzt in Ruhe dasitzen und das Essen anfangen, wenn draußen gerade die Deiche brechen? Das kann ja wohl nicht sein. Außerdem rennt es sich mit vollem Magen so schlecht. Wundert Sie, dass uns manches heute auf den Magen schlägt oder uns der Appetit vergeht? Manch ein Problem liegt uns wie ein „Stein im Magen" oder uns „läuft die Galle über". Manche Argumente sind wie ein „Schlag in die Eingeweide" und gewisse Erlebnisse „haben wir noch nicht verdaut" – sie liegen im blockierten und erschlafften Darm herum und bescheren uns Verstopfung und Gärungsverdauung mit der Folge von Blähungen.

Halt, Einwand: Wieso hatten wir dann Durchfall vor der Prüfung? Diese Erschlaffung betrifft nur den untersten Darmabschnitt und entleert schlagartig den Ballast, der unseren Fressfeinden den Appetit verderben soll: Geht weg, letztlich schmecke ich gar nicht gut und vielleicht bin ich sogar schon ein Aas! Es kann sogar so weit kommen, dass territorialer Stress und das räumliche Abgrenzungsbedürfnis über diese Schiene verstärkt nonverbal kommunizieren, bis die erforderliche Distanzreaktion bei unseren Mitmenschen greift. Manch einer mutiert darob sogar zum charakterlichen Aas und die von ihm ausgehenden Probleme stinken zum Himmel. Jetzt aber ist wirklich gut damit.

Die Leber

Sie mobilisiert Glykogen (Speicherform von Blutzucker) und Speicherfette als Energieträger.

„Grün vor Ärger", sagen wir und wissen nicht, woher es kommt. Grün werden wir durch die akuten Auswirkungen der Stressreaktion in der Leber nicht direkt. Die Leber ist u.a. ein Speicher für Blutzucker und Fette in Depotform und die werden jetzt mobilisiert. Denn schließlich sind wir gleich auf der Flucht oder im Kampf und so etwas kann länger dauern. So lange, dass wir zwischendurch nichts zu essen kriegen. Also raus mit dem Brennstoff. Dass der sich heutzutage sinnlos an unseren Arterienwänden in Form von Blutfetten und Zuckerstoffen ablagert, kann die arme Leber nicht wissen – es sei denn, unsere höhere Einsicht sorgt dafür, dass wir die Stressreaktion in den Griff kriegen und unsere Ernährung gleichzeitig auf fettarm und ballaststoffreich umstellen.

Die Nieren

Sie veranlassen eine Verminderung der Harnmenge.

Die Niere drosselt die Harnmenge. Wieso? In weiser Voraussicht weiß sie, dass es jetzt erstens so schnell nichts zu trinken gibt, wenn die Raserei losgeht, und dass zweitens diese lebensbedrohlichen Situationen, die unser Hirn den anderen Organen vorgaukelt oder auch mal richtig erkannt hat, mit der Gefahr von größerem Blutverlust auf Grund von Verletzungen einhergehen. Um den Kreislauf aufrechtzuerhalten, kommt es auf jeden Tropfen Körperflüssigkeit an. Also Spargang. Bitte trinken Sie einfach genügend am Tag, damit die Niere keine Zeit hat, um aus Mikrokristallen kleine Steinchen zu basteln, und Ihr Stoffwechsel genügend Flüssigkeit hat, um die durch die Stresshormone angerichteten biochemischen Folgen auszuschwemmen. Außerdem macht Flüssigkeitsmangel müde und Kopfweh. „Die Sache ging mir so richtig an die Nieren …“

Die Blase

Die Blase reagiert akut mit Erschlaffung, chronisch mit vermehrtem Fassungsvermögen ohne Harndrang.

Wenn wir schon da unten sind: „Vor Aufregung hätte ich fast in die Hosen gepinkelt!“ Die Blase quetscht noch schnell die letzten Tropfen raus, bevor sie dann im chronischen Stress erschlafft und in der Folge nicht beim ersten Mal alles hergibt, was drin ist – auch sie hält Flüssigkeit zurück. Beschwerden beim Wasserlassen, Nachtröpfeln, „Jetzt muss ich schon wieder aufs Töpfchen“, sind bekannte Phänomene und Dysfunktionen. Ein paar Bakterien entdeckt der Doktor häufig, aber deswegen muss noch lange kein antibiotikawürdiger Harnwegsinfekt vorliegen. Das Symptom würde ohnehin nicht verschwinden. Der Gang zur Toilette kann zur erlernten Übersprungshandlung werden, um sich „vor etwas zu drücken“. Schnell mal zum Pipimachen, vielleicht ist dann die stressauslösende Situation wieder anders, jemand hat sich beruhigt, ist schon gar nicht mehr da oder man trifft sich vorher auf der Toilette wieder.

Das Blut

Im Blut entsteht eine verminderte Abwehrlage gegen Krankheitskeime, die Infektionsgefährdung kann zunehmen.

Im Blut haben die Antikörper im Stress, ob akut oder chronisch, weniger Arbeit. Jede Beschäftigung mit Bakterien oder Viren würde Energieverschwendung bedeuten – die Energie brauchen wir jetzt woanders. Außerdem erwartet unser Immunsystem den Ansturm von Bakterien, Pilzen und Körpergiften von Haus aus erst nach Kampfverletzungen oder Nahrungsaufnahme. Dann macht es Sinn, dass das Immunsystem aktiv wird. Dass wir heute Nahrungsmittelgesetze und Hygienebestimmungen haben, hat sich bis zum Immunsystem noch nicht rumgesprochen. Im chronischen Stress fährt es zur Gänze auf Sparflamme. Keine gute Botschaft, wenn man daran denkt, dass es bei hoher sozialer Dichte von Viren nur so wimmelt und krebserzeugender Zellschrott oder Umweltgifte täglich unschädlich gemacht und verstoffwechselt werden müssen.

Sie kennen sicher auch das ärgerliche Phänomen, dass Sie vor dem Urlaub einen Heidenstress haben, um alles beruflich und privat auf die Reihe zu kriegen, und dann endlich hinterm Brenner auf der Fahrt nach Italien, wo es Ihnen so richtig gut gehen sollte, erst einmal krank werden. „Immer wenn wir in den Urlaub fahren, wird prompt irgendeiner krank." Scheint ein beliebtes Familienspiel zu sein, würde sich ein Alien denken. Überlegen Sie mal, ob Sie es auch anders einrichten können. Die Vorschläge zum Typ A werden Ihnen dabei später weiterhelfen.

Die Haut

Die Hautdurchblutung wird gedrosselt, emotionales Schwitzen gesellt sich hinzu.

„Wenn ich den Kerl sehe, krieg ich schon einen Ausschlag." Manche meinen den mit der Faust, wir meinen die Symptome der Haut. Unsere Häute – Schleimhäute, Magen- und Darmwände – sind ein gigantisches Schlachtfeld gegen Bakterien, Pilze und alle Arten von chemischen Eindringlingen, wozu vom Standpunkt des Organismus aus auch die Nahrung zählt.

Glücklicherweise ist uns dies nicht so bewusst, außer dann, wenn es „auf keine Kuhhaut mehr geht“ und wir hektische Flecken, unseren Sonderpickel, Herpes labialis oder die Fressbläschen kriegen. Alarmstufe eins. Möglicherweise stellen sich uns auch noch „alle Haare auf“ und hätten vor 50.000 Jahren unseren Schattenriss noch im Gegenlicht um die Schulterpartie herum imposant vergrößert, falls das Auftreten des Abschreckungspickels doch zu lange dauerte.

Die Haut zeigt uns heute sofort, was los ist: Wir werden zuerst rot vor Wut auf Grund der plötzlichen Blutdruckerhöhung, dann aber drosselt sie ihre Durchblutung bei steigendem Stresslevel und wir werden blass vor Schreck. Später wird uns dann noch kalt vor lauter Angst. Womöglich bricht uns auch noch kalter Schweiß aus, damit wir schlüpfrig werden und schwer zu fangen sind, oder wir riechen so energisch, dass wir selbst im Großraumbüro leicht auffindbar sind. Sie haben also die Wahl: den Deo-Verbrauch steigern oder dieses Training anwenden, um wieder menschliche Nähe zu gewinnen …

Allergien sind immer noch eine der Haupterkrankungen in Allgemeinpraxen und bei Hautärzten. Es ist schon richtig, dass Reizstoffe aus der Umwelt diese verursachen können und wir viel unternehmen, um die Umweltbelastung gering zu halten. Jedoch ist dies nur ein Teil der Wahrheit. Viele Allergien haben einen „seelischen“ Boden auf dem sie wachsen, und der heißt zu 90 % Stress.

Die Muskeln

Sie antworten mit Anspannung, Verspannung und generell erhöhter Reagibilität.

Das gesamte motorische System wird in der Stressreaktion scharf gemacht. Da geht jetzt das Blut hin, dort sitzt die Spannung. Wir spüren das als das unmittelbare Stressgefühl, die so genannte Anspannung. Diese Maßnahme ist sehr sinnvoll, denn wir wissen ja, dass ein kalter Muskel, ohne Vorspannung von null auf hundert gebracht, sich schnell Zerrungen oder gar Risse einhandelt. Wenn Sie Sport treiben, sollten Sie wissen, wie wichtig das Aufwärmen ist. Wenn die Spannungen allerdings chronisch werden, wir von der Stressreaktion gar nicht mehr runterkommen, werden aus An-Spannungen leicht Ver-Spannungen: im Nacken, im Kreuz, im Gesicht. Hässliche Fältchen entstehen und Zornes- oder Sorgenfurchen graben sich tiefer ein. „Der sieht heute wieder gestresst aus …“, „Guck mal, wie sauer der blickt.“ Einige, oder sind es vielleicht schon viele um uns herum, bekommen diesen physiognomischen Griesgram gar nicht mehr weg.

Nackenverspannungen sind ebenfalls verbreitet, denn die Nackenmuskulatur trägt das wichtigste Organ: den Kopf mit seinen Sinnesorganen und Steuerungsfunktionen des Gesamtsystems. Der muss blitzschnell neu positioniert werden können, um in der einen oder anderen Richtung neue Reize wahrzunehmen und drohenden Schlägen physischer Art auszuweichen. Die kommen zwar heute nicht mehr so leicht vor wie seinerzeit, trotzdem zuckt der Kopf hektisch von links nach rechts. Und im Extremfall muss die Muskulatur des Nackens imstande sein, den „Kopf wieder aus der Schlinge zu ziehen“ bzw. den verletzlichen Nacken durch den entstehenden Muskelwulst vor tödlichen Beißattacken zu schützen. Kein Wunder, dass sich hier der Stress besonders gerne in Form von Nackenschmerzen, Kopfweh und Wirbelknirschen zeigt.

Das alles sind Folgen für unsere Organe und aus dieser Betrachtung wird schon deutlich, dass die Stressreaktion in ihrer Gesamtheit eigentlich nur eins im Sinn hat: uns auf Kampf oder Flucht und die damit verbundenen Gefahren für den Organismus vorzubereiten. Diese Organzustände sind für uns weniger wahrnehmbar als folgende Erscheinungen, wie wir sie im akuten Stress, individuell verschieden, möglicherweise an uns oder anderen bemerken: Herzklopfen, roter Kopf, Lampenfieber, erhöhte Aufmerksamkeit, Flucht, Angst, Wut, Aggression, Schlaflosigkeit, Schwitzen, Stottern, Blässe, kalte Füße, Kopfweh, Zittern, Verschwommensehen u.a.

Wir beschreiben sogar diese Zustände und der Volksmund hat für uns Redewendungen geprägt, die dem Rechnung tragen:

- „Es schlägt mir auf den Magen."
- „Das hältst du doch im Kopf nicht aus!"
- „Da geht einem doch die Galle über!"
- „Es ging ihm sehr zu Herzen."
- „Da habe ich Blut und Wasser geschwitzt."
- „Vor Angst pinkeln die sich noch in die Hose."
- „Da ging mir der A… auf Grundeis."
- „Du, da fallen dir die Augen raus."
- „Das verursacht einen unglaublichen Druck."
- „Wenn du das hörst, legst du dich flach."
- „Dieses Problem erschlagen wir mit unserer Lösung."
- „Da bleibt mir die Luft weg."
- „Da musste ich tief Luft holen."
- „Ihm ist eine Laus über die Leber gelaufen."
- „Da verging mir Hören und Sehen."
- „Ich war für einen Moment wie gefühllos."
- „Es war ein richtiger Nackenschlag."
- „Da ging mir aber die Sause."
- „Es drehte sich mir der Magen um."
- „Was der sagt, tut richtig weh im Kopf."

Sie finden selber sicher noch mehr, was in diese Richtung geht, wir sind hier richtig malerisch und bildhaft in der Sprache. Sehen Sie: schon eine positive Auswirkung. Wir werden mehr entdecken, wenn wir uns im Bereich des chronischen Stresses bewegen.

5. Die chronische Stressreaktion

Die Stressreaktion zeigt die Dynamik einer Schwellenreaktion:

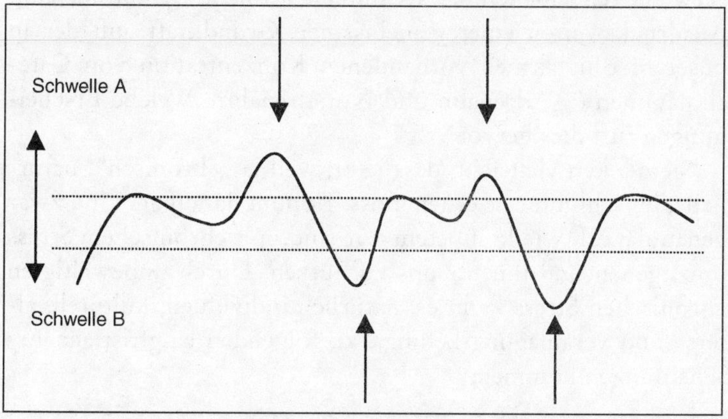

Die Kombination aus Zustrom von Stressoren, Eigenproduktion von Stresshormonen, aktuellem Dauerverbrauch und gelerntem Bewältigungsverhalten bestimmt, wie hoch oder tief die Schwelle liegt, ab der die Stressreaktion mit ihrer Eigendynamik abläuft. Sowohl diese Schwelle als auch der Ablauf und das Drosseln der Stressreaktion sind von uns über Selbstmanagement beeinflussbar.

An den mit Pfeilen gekennzeichneten Kurvenspitzen oberhalb der Schwelle A kommt es z.B. zum Ablauf einer zusätzlichen Stressdynamik, wie im vorangehenden Kapitel beschrieben. Bei den Senken unterhalb der Schwelle B kann es sein, dass wir ein kurzes Nickerchen machen. Dazwischen gibt es Kurvenschwankungen, die in der Summe näher an Schwelle A liegen – entsprechend einem generell erhöhten chronischen Stressniveau – oder näher an Schwelle B – entsprechend einem generell niedrigeren chronischen Stresslevel. Wenn Sie so wollen, bestimmt dieser chronische Stresslevel den Grad unserer Reizbarkeit, Angst, Aggressivität.

Vielleicht wundern Sie sich, dass im letzten Satz drei Begriffe parallel gebraucht werden, die man eigentlich sauber zu trennen versucht. Es kommt auf die Betrachtungsweise an. In der hier verwendeten tauchen sie als unterschiedliche Symptome und Ausdrucksweisen einer gemeinsamen Grundkraft auf: der in unserem Blut aktuell vorhandenen Konzentration von Catecholaminen (= Adrenalin und Noradrenalin). Welche Erscheinungen ruft dies hervor?

Sie denken vielleicht, dass jetzt, weil ja „chronisch“, natürlich alles schlimmer werden muss. Kommt darauf an. Und zwar genau darauf, wie kompetent wir sind, mit chronischem Stress umzugehen und ihn für uns zu nutzen. Durch unbewältigten chronischen Stress kann es, natürlich individuell, kulturell, alters- und veranlagungsbedingt, zu folgenden langfristigen Erscheinungen kommen:

Misstrauen		Offenheit
Depression		Kreativität
Gereiztheit	**Der**	Erfolgswille
Herzinfarkt	**freie**	Optimismus
Unsicherheit	**Wille**	Zielsicherheit
Ideenlosigkeit		Selbstbewusstsein
Hautausschlag	◄──►	Einsatzbereitschaft
Vergesslichkeit		Leistungssteigerung
Fehlerhäufigkeit		Entscheidungssicherheit
Workaholismus		Eigenverantwortlichkeit
Persönlichkeitsverarmung		Veränderungskompetenz

Möglicherweise stieg in Ihnen, ohne dass es Ihnen stark bewusst war, im Verlauf dieser Darstellung leiser Unmut auf. Unmut, weil die Erkenntnisse über Stress an allgegenwärtige Selbstverständlichkeiten und Paradigmen zu stoßen scheinen. Könnte ja sein, dass sich in Ihnen etwas gegen die zunehmende Einsicht wehren will, dass Sie – als Persönlichkeit von hoch stehender und differenzierter Intelligenz (sinngemäßes Zitat nach Ephraim Kishon) – eine von Stresshormonen herumgeschubste

Existenz sind. So ist es nun auch wieder nicht oder sollte zumindest nicht so sein. Die Denkleistung, die wir als „freien Willen“ empfinden, brauchen und nutzen wir an der Schnittstelle zwischen sozialem Abstieg (siehe linke Spalte der obigen Auflistung) und geordneter Erfolgsstrategie (rechte Spalte).

Die Behauptung lautet: Wir können unseren freien Willen nutzen, um das, was uns als stress- und leidvolles Desaster entgegentritt, in ein gezieltes Programm zur Entfaltung unserer Möglichkeiten umzumünzen. (Andere rufen auch ständig neue Währungen ins Leben: den Euro, SmartMoney, virtuelle Währungen …).

„Frei“ heißt: *Sie* treffen die Entscheidung, und „Wille“ heißt: Sie stecken gezielt und überlegt Energie in diesen Prozess. Dazu müssen Sie natürlich wissen oder ein Gefühl dafür bekommen, wo Sie stehen. Sonst können Sie auch nicht losgehen. Um die Standortbestimmung kümmern sich die nächsten Kapitel: Symptome und Tests.

5.1 Symptome

Wir haben bereits schlaglichtartig eine Reihe von körperlichen Auswirkungen der akuten Stressreaktion beleuchtet. Die Betrachtung eines Organs wurde dabei außer Acht gelassen: unser Gehirn. Dies wird jetzt nachgeholt und wir kümmern uns um die Frage: Wie arbeitet eigentlich unser „Kopf“ mit seiner Vielfalt von Funktionalitäten im Zustand der akuten oder chronischen Überschwemmung mit Stresshormonen?

Leber, Niere und die restlichen Innereien sind ja nicht gerade die körpereigenen Systeme, die für eine direkte, nach außen gerichtete Auseinandersetzung mit unserer Umwelt zur Verfügung stehen. Unser Verhalten läuft über die Nervenzentrale.

Nehmen wir einmal ein durchschnittliches mitteleuropäisches Köpfchen. Wenn wir da hineinschauen, blicken wir auf folgende Fähigkeiten:

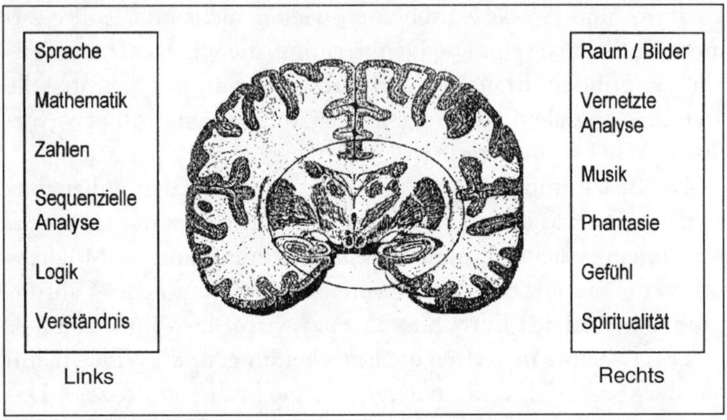

Beim Rechtshänder ist die linke Gehirnhälfte dominant, d.h., diese wird bevorzugt, wenn es um die Lösung von Problemen geht, ihren Ergebnissen wird durch subjektive innere Wahrnehmung die größere Bedeutung für auszuführende Handlungen beigemessen. Die Fähigkeiten der rechten Hälfte kommen dann ins Spiel, wenn wir uns richtig anstrengen nachzudenken und kreativ sind, wenn wir uns konzentrieren. Bei zunehmendem Stress passiert leider Folgendes: Die nicht dominante Hälfte wird zunehmend weniger gebeten mitzumachen, die dominante Seite übernimmt einseitig das Ruder.

Die Folgen: Wir reden mehr, schneller, lauter, hängen uns an Zahlen, Worten, Begriffen und Formulierungen auf, verlassen uns nur auf „Logik“ und das, was wir – mit diesem System – „verstehen“ können. Die sequenzielle Betrachtung und Analyse unserer Welt steht im Vordergrund: zuerst A, dann B, dann C, dann D. Der so genannte Beamtenmodus. Vernetztes Denken ist weniger angesagt. Wenn der Stress zunimmt, beschleunigt sich diese Sequenz und dann folgen A bis D so schnell, dass wir manches parallel anfangen.

Dieses Denkmuster unterstützt den Prozess der Jagd: Zwei jagen die Mammuts aus der Reihe (A), einer lockt sie in Richtung Schlucht (B), oben steht einer mit den großen Felsen parat (C), der auf das Kommando (= Sprechen können) „Achtung zwei (= Zählen können) Mammuts kommen, Steine runterschmeißen, jetzt!“ die Handlung ausführt, damit nach Aufprall der Steine im Ziel (D) aus dem Hinterhalt zwei weitere Jäger hervorspringen können, um den Biestern den Rest zu geben (E).

Das sequenzielle Denkverfahren: A → B → C → D → E

Diese Funktionalitäten liegen sinnvollerweise morphologisch in einer Gehirnhälfte, denn das ist schneller steuerbar, als wenn erst mit der rechten Seite kommuniziert werden müsste, ob diese Handlung jetzt auch wirklich im Einklang mit unseren Gefühlen oder Träumen stünde – lächerlicher Gedanke für einen ordentlichen Jäger im Jagdfieber.

Wofür der rechte Teil zuständig ist und was er macht, wenn er die Oberhand hat? Stellen Sie sich Emma, Mausi und Pussy vor, wie sie alle mit den Kindern um sich oder auf dem Arm durch das Waldesdickicht streifen und nach Beeren oder Obst suchen. Räumlich-bildhafte Orientierungsfähigkeiten sind in diesem dreidimensionalen Umfeld sicher nützlich. Die Herren brauchen ja in der Savanne nur in zwei Dimensionen zu denken … Der Verfasser dementiert an dieser Stelle jedwedes plumpes Sympathisantentum mit Feministinnen.

Weiterhin helfen Intuitionen und Gefühle, um die Gruppe zusammenzuhalten. Dies geschieht übrigens durch den Singsang bei dieser Art von Früchtesammeln. Durch das Dickicht sind nicht immer alle Gruppenmitglieder untereinander sichtbar, aber hörbar – und das kann lebensrettend sein. Denn wenn der Gesang urplötzlich irgendwo verstummt, wissen die anderen, dass etwas nicht „stimmt“. Eine Schlange, ein Tiger oder auch mal ein Schreck umsonst. Kommerziell wird diese Reaktionsfähigkeit in Hollywoods Grusel- und Actionfilmen vermarktet: Immer dann, wenn die melodische Hintergrundmusik abrupt abbricht, fährt dem Publikum bereits der Schreck in die Glieder und wir wissen, dass gleich das Monster aus dem Sumpf im Close-up brüllt. Auch die Phantasie ist gefragt, denn könnte nicht das gelb-schwarz geringelte „Stöckchen“ hinter dem Felsen dort ein Tigerschwanz sein? Letztlich will die friedliche Gruppe ja nur eines: die roten, kleinen, geriffelten Dinger namens Himbeeren in Ruhe pflücken. Und vernetztes Denken ist ein absolutes Muss, um die chaotisch agierende Kinderschar unter „Kontrolle“ zu behalten. Die rechte Gehirnhälfte ist hier dominant tätig ... Bei plötzlicher Gefahr können wir schnell umschalten und sind aus allen kontemplativen Prozessen herausgerissen, die Stimmmelodie ist futsch und Komplexität interessiert uns gar nicht mehr, sondern nur noch eines: Flucht oder Kampf. „Alternativen“ will uns die Stressreaktion nahe legen, auch die chronische, wenn wir uns in diesem Zustand daranmachen, strategische Managemententscheidungen zu treffen, und uns wundern, warum dem Mitbewerber die dritte oder vierte Möglichkeit eingefallen ist und uns nur zwei ... Jetzt heißt es nämlich hü oder hott, ja oder nein, hin oder weg, rein oder raus, entweder – oder, eben Flucht oder Angriff. Wenn keine Entscheidung fällt, stehen wir starr vor Angst da (akut) oder glänzen mit depressiver Untätigkeit/Verlangsamung (chronisch).

Bei weiter steigendem Stresslevel, ein paar Pfund Stressoren mehr, steigt nun auch die Großhirnrinde selbst zunehmend aus und die Steuerungsfunktionen werden auf althirnliche Strukturen übertragen. Das System beschließt sozusagen, dass selbst lautes Kommandieren bei dieser soeben wahrgenommenen Bedrohung keinen Sinn mehr macht, sondern nur rasches und blitzartiges Handeln! Auf ihn mit Gebrüll – oder schreiend davon. Hier ein Vergleich unserer althirnlichen Strukturen und unseres Neuzeitgehirns. Wie zu erwarten hat der Eintritt ins neue Jahrtausend auch an dieser Struktur nichts zu ändern vermocht. Ein bestimmter Gehirnanteil, nämlich das so genannte limbische System, hat sich strukturell nicht wesentlich weiterentwickelt seit der Zeit, in der sich die Primaten vom Opossum abgespalten haben. Das genau ist der Gehirnanteil, in welchem die Stressreaktion in ihren Grundfunktionalitäten abgewickelt wird. Dieser Teil sitzt im Zentrum des ganzen Organs und steuert alle übergeordneten Regionen. Die Stressreaktion ist für das Überleben des Gesamtsystems zuständig und hat damit eine direktive Auswirkung auf alle anderen abhängigen Strukturen.

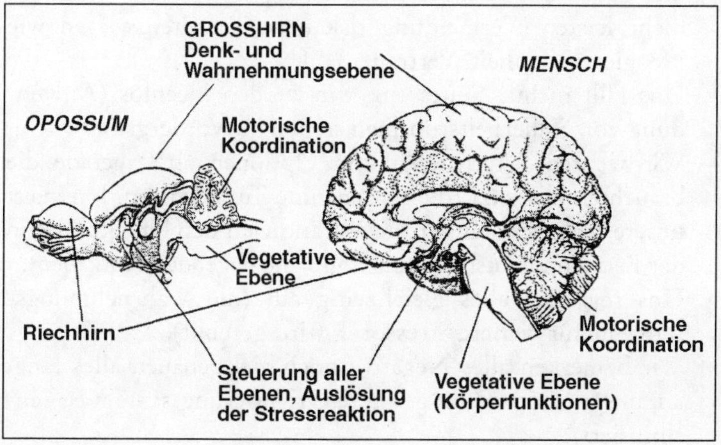

Jubel, Freude und Weihnachten für unser Reptiliengehirn! Die Freigabe zum Zuschlagen, Weglaufen, Fluchen – kurz: zum Einsatz der ganzen Batterie von prähistorischen Instinkten – ist erfolgt! Mit Business-Erfolg wird das weniger zu tun haben. Eher mit energisch verfolgter Hilflosigkeit. Jetzt sind wir endgültig im Stress, denn was wir dann tun, reitet uns nur noch tiefer rein:

- Wir brüllen den Mitarbeiter an (Angriffsverhalten).
- Wir behandeln andere mit zynischen Kommentaren (das Kommunikationsverhalten ist dekompensiert).
- Wir verschieben Termine und brechen Commitments (Fluchtverhalten).
- Wir schieben Entscheidungen vor uns her oder schützen vor, 1000 andere Dinge berücksichtigen zu müssen (Pattsituation

zwischen Flucht oder Angriffsverhalten, der so genannte „rasende Stillstand").

- Wir scheuen jedes Risiko und wollen bei allem auf Nummer sicher gehen (Verhalten ist auf Überlebenssicherheit programmiert).
- Wir sind auf Fehlervermeidung programmiert und können uns gedanklich bereits kein lösungsorientiertes Vorgehen mehr leisten (Vermeidung riskanter Verhaltensweisen wie Neugier, Offenheit, Vertrauen).
- Uns fällt nichts Neues ein, wir werden ideenlos (Anwendung von Sicherheitsroutinen stehen im Vordergrund).
- Wir wehren Alternativen und Optionen ab – gerade die bräuchten wir jetzt (die so genannte Tunnelvision dominiert unsere Wahrnehmung: Konzentration auf den Fluchtpunkt in der Ferne und Ausblendung von nahe liegenden Aufgaben).
- Uns regt fast alles gleichzeitig auf (die Wahrnehmungsschwelle für weitere Stressoren wird gesenkt).
- Wir bemerken alles Negative noch viel genauer, alles fängt an, uns zu stören (das gesamte Orientierungssystem ist sensibilisiert).
- Wir unterdrücken eigene Interessen, die für unsere Persönlichkeitsweiterentwicklung wichtig wären (Stabilisierung und Einfrieren auf dem eben erreichten Niveau, Zementierung der bislang erreichten Glaubenssätze).
- Jede Änderung oder mental vorgestellte Veränderung wird nervös bekämpft (Veränderungen nehmen den Charakter von potenziellen Bedrohungen an, wir wollen nichts mehr zulassen).

5.2 Test

Der folgende Test soll Ihnen die Einordnung Ihrer Stresssymptome erleichtern und Ihnen später im Verlauf dieses Buches ermöglichen, gezieltere Entscheidungen zu treffen, welche Stressbewältigungsstrategien für Sie am zielführendsten und wichtigsten sind. Die Ergebnisse dieses Tests werden also später erst für Umsetzungsstrategien genutzt.

Gehen Sie bitte spontan und ehrlich an den Test und haben Sie keine Hemmungen vor sich selbst, bestimmte Symptome zu entdecken. Ihr Exemplar dieses Buches braucht ja kein anderer in die Finger zu bekommen …

Wählen Sie nun ein Merkmal nach seiner Häufigkeit aus und entscheiden Sie, ob „häufig", „manchmal" oder „nie" zutreffend ist. Die Werte werden anschließend summiert.

		häufig	manchmal	nie
V	ungerechtfertigte Beschwerden	4	2	0
E	exzessive und rasche Stimmungsschwankungen	4	3	0
M	übergroße Besorgtheit um die eigene Gesundheit	5	1	0
V	erhöhte Abwesenheitsrate vom Arbeitsplatz	4	1	0
E	Bedürfnis nach Einsamkeit	4	1	0
K	Impotenz/Libidoverlust	3	1	0
E	Absencen und Tagträumerei	4	0	0
V	Werte anderer werden verletzt	4	2	0
K	Heißhunger oder Appetitmangel	5	1	0
E	Sehnsucht nach Bildern aus der Kindheit	3	0	0
M	Vergesslichkeit	4	1	0
K	Kloßgefühl im Hals	5	3	0
M	Restrisikodenken in Alltagssituationen	4	2	0
V	Unfallhäufigkeiten	4	3	0
E	Unfähigkeit, für andere Sympathie zu empfinden	5	2	0
K	Ameisenlaufen an Händen oder Beinen	4	1	0

		häufig	manch-mal	nie
M	permanente innere Monologe	4	2	0
M	Unentschlossenheit	5	0	0
V	starker Nikotinmissbrauch	5	3	0
E	innere Leere	5	3	0
E	Ärgern über Nichtigkeiten	4	2	0
M	ständiges Springen von Gedanken	5	1	0
E	Aversion gegen Gespräche ohne Ziel	4	1	0
V	verminderte qualitative/quantitative Arbeitsleistung	5	3	0
K	heftiger, unregelmäßiger Herzschlag	5	4	0
M	generelles Misstrauen auch in einfachen Situationen	5	3	0
K	rasche körperliche Erschöpfung	4	2	0
V	verminderte Flexibilität bei Änderungen und neuen Zielen	4	2	0
K	Doppelbilder, Verschwommensehen	3	1	0
M	beständiges Denken an den frühzeitigenTod eines Nahestehenden oder seiner selbst	4	2	0
E	Unfähigkeit, sich einfach einmal einer Stimmung hinzugeben	4	2	0
K	Kopfschmerz, häufig Beginn im Nacken, Migräne	4	2	0
K	häufiges Wasserlassen	2	1	0
V	Fettsucht, kompensatorisches Essverhalten	4	3	0
E	erhöhte Reizbarkeit und Ängstlichkeit	4	1	0
K	Muskelverspannungen, insbesondere Nacken und Kreuz	4	2	0
V	Medikamentenabusus zur „Befindlichkeitsverbesserung“	5	4	0

		häufig	manch-mal	nie
E	unerwartete und unpassende Reaktionen	5	3	0
M	Fixierung auf negative Gedankenketten	5	2	0
V	erhöhter Alkoholgenuss	4	2	0
M	rasches Müdigkeitsgefühl beim Zuhören, wenn andere sprechen	5	3	0
K	Verdauungsbeschwerden, Blähungen	4	2	0
V	Ellenbogentechniken, Ausreden	3	1	0
K	Schlafstörungen	5	3	0
E	zur Schau gestellte Arroganz	5	1	0
K	Hautausschläge	3	2	0
V	rücksichtsloses und zu schnelles Fahrverhalten	5	3	0
M	Ideenlosigkeit	5	2	0

Bitte bilden Sie nun die Summe aus den Kategorien **E, V, M** und **K** und tragen Sie die Werte in untenstehendes Diagramm ein. Es zeigt Ihnen, welche Systeme bei Ihnen schwerpunktmäßig auf Stress reagieren.

E:	M:	Gesamtwert:
V:	K:	Datum:

Dass Sie hier ein Datum eintragen können, zeigt Ihnen, dass wir noch etwas vorhaben: gegebenenfalls diese Punktesumme zu verändern, nachdem Sie die zu Ihnen passenden Bewältigungsstrategien ausgewählt und umgesetzt haben. Dann sollten Sie diesen Test noch einmal machen, um sich zu bestätigen, dass sich etwas geändert hat – falls Sie dann dazu überhaupt noch so etwas wie einen Test brauchen.

- *E = emotionales System.* Stress zeigt hier emotionale Auswirkungen, die Sie selbst spüren oder die für andere sichtbar werden. Wir selbst schieben die Schuld für emotionale Auswirkungen, wie z.B. ein ungerechtfertigtes Aufbrausen, häufig auf die Umstände oder andere Beteiligte ab und sehen weniger Anlass, uns ernsthaft damit auseinander zu setzen.
- *V = Verhaltensebene.* Stress erzeugt Handlungen und Handlungsmuster, die in diesem Fall das reagierende System „Verhalten" bevorzugen, z.B. wenn wir penetrant die Details unserer Anweisungen bei den Mitarbeitern kontrollieren wollen. Häufig wird uns das selbst gar nicht bewusst, dafür umso mehr der Umwelt. Feedback erhalten wir oft nur sporadisch: Die anderen trauen sich nicht. Falls das Feedback aus den von uns beeinflussten Prozessen kommt, nehmen wir es fast nie als ursächlich mit unserem Stress verbunden wahr. Die Vernetzung ist zu komplex und meistens auch zeitversetzt, so dass ein rascher sequenzieller Denkansatz uns nicht auf die „heiße Spur", nämlich zu uns selbst, führt.
- *M = mental.* Hier wird Stress mental abreagiert, diese Ebene wird wiederum von uns selber bemerkt. Dennoch fällt es anderen zuerst auf – z.B. wenn sich unser Hamsterrad im Kopf dreht und wir nicht loskommen von der Katastrophenannahme, dass alles schief gehen könnte, was wir angestrebt haben. Wir verwickeln dann unbewusst andere in ständig wiederkehrende Gespräche über den gleichen Mist (aus deren Sicht ...).
- *K = körperlich.* Stress zeigt hier bevorzugt körperliche Auswirkungen, die z.T. schon als Gesundheitsstörungen und dann natürlich von uns selbst am besten wahrgenommen werden. Meistens sind das die Alarmzeichen, die wir vor uns selbst als im Zusammenhang mit Stress stehend zulassen. Dabei entsteht die größte Handlungsbereitschaft, etwas dagegen zu tun, aber manch einer ist sogar an diesem Punkt noch indolent und denkt sich: „Wird schon wieder gut ..."

Sterbenskrank wird man dabei ja auch nicht sofort und der Körper adaptiert nebenbei die Wahrnehmung über die Störung. Diese wird langfristig zu einem kleinen unerwünschten Begleiter – man gewöhnt sich an so vieles … Mit TQM der eigenen Existenz hat das aber gar nichts zu tun.

Tragen Sie nun bitte die gefundenen Werte in der nachfolgenden Säulengrafik ein.

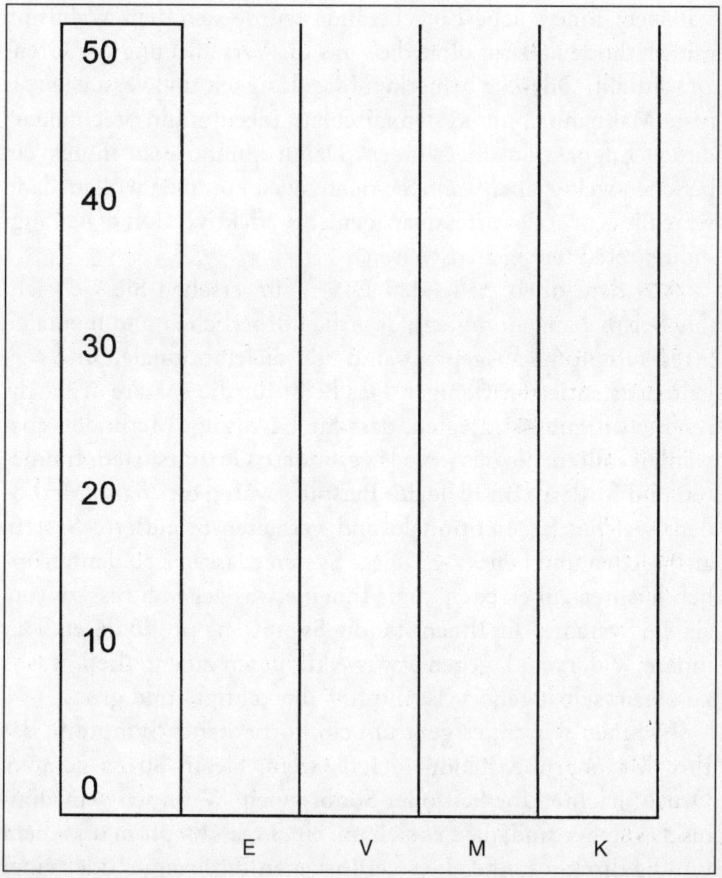

5.3 Auswertung

Vielleicht erahnen Sie aus dem vorangegangenen Test und den darin abgefragten Symptomen bereits, dass es bei erfolgreichen Stressbewältigungsstrategien nicht darum gehen wird, Einzelsymptome zu bekämpfen. Zum Beispiel sich selbst oder den Betreffenden, der durch ein Müdigkeitsgefühl auffällt, wenn andere sprechen, zu einem teuren Seminar über „Listening Skills" zu schicken. Eine solche Entscheidung würde sich dem Wahnsinn mit Methode nähern, ohne dass uns die Verschiebung der Grenzen auffällt. Oder Sie bemerken Ideenlosigkeit und versuchen als erste Maßnahme, mit systematischen „Ideenfindungstechniken" diesen Engpass zu überwinden. Damit kommt man immer ein bisschen weiter, aber wenn Sie richtig weit kommen wollen, dann wäre die Kunst des Stressmanagements effektiver. Diese benötigt indirektere Herangehensweisen.

Aus dem oben stehenden Diagramm ersehen Sie vielleicht (als Beispiel angenommen), dass die körperlichen und mentalen Stresssymptome ausgeprägt sind und die emotionalen und verhaltensorientierten weniger. Das heißt für die spätere Wahl Ihrer Bewältigungsstrategien, dass Sie bevorzugt Methoden auswählen sollten, die das jeweils gesündere Gesamtsystem trainieren und fordern. Im Falle des Beispiels wären dies dann Methoden, welche das emotionale und verhaltensorientierte System ansprechen und benutzen. Diese Systeme lassen sich dann nämlich leichter „überreden", mit Ihnen etwas gegen Stress zu tun, als die Systeme, die Ihnen ständig Symptome produzieren. Der innere Widerstand, gegen etwas Aktivitäten zu entfalten, was ja zu einem selbst gehört, ist intuitiv „berechtigt" und groß.

Nehmen wir an, es geht um ein körperliches Symptom, das Ihre Magengrube ständig liefert, wenn Sie in Stress geraten: Druck, leichte Übelkeit oder Sodbrennen. Wenn wir – medizinisch – sicher sind, dass es sich um ein Stresssymptom und nicht um die direkte Folge einer verdorbenen Fischsuppe oder einer schlimmen Erkrankung handelt, dann wäre die Empfehlung, sich ständig um den Magen zu kümmern und alles zu veranstalten, z.B. auf der Ebene der mentalen Entspannungsmethoden, um das Symtpom zum Verschwinden zu bringen, jedes Mal ein kleiner Kampf gegen etwas von uns selbst. Dieses unterbewusste Selbst schickt uns das Symptom der Magenverstimmung nicht, damit wir es zielgerichtet unterdrücken, sondern damit wir es ernst nehmen und rauskriegen, was es uns eigentlich „sagen" will. Im Gegenteil: Wenn wir uns nun auf den Magen konzentrieren, verfestigen wir dieses Spiel und bringen unserem „Magenreaktionssystem" bei, sich erst recht zu melden, da wir seine Botschaft immer wieder auszublenden versuchen.

Der leichtere Ansatz besteht darin, den generell oder spezifisch erhöhten Stresspegel, der dem Symptom zugrunde liegt, in den Griff zu kriegen, und zwar über die gesünderen Systeme, diejenigen, die keine unerwünschten Symptome liefern. Denn da tun wir etwas für uns und nicht indirekt etwas „gegen" uns. Das geht leichter und macht mehr Spaß. Über diesen Ansatz trainieren wir in den gesünderen Systemen, Stress zu bewältigen und abzufedern. Das ärgerliche Symptom im angeschlagenen System wird indirekt angegangen und wahrscheinlich verschwinden. Wenn nicht, gehen Sie bitte wirklich zum Arzt, denn hinter jedem körperlichen Symptom kann eine andere Erkrankung stecken, die nicht unbedingt nur Stress, sondern anders heißt!

Die Systematik, mit der Sie die für Sie passenden Methoden finden, finden sie in Kapitel 8. Vorher brauchen wir noch ein paar Testergebnisse und Kenntnisse.

6. Der Typ A

Was steckt hinter dem Verhalten von Typ A? Vielleicht haben Sie den Ausdruck schon einmal gehört. Vielleicht nicht hier, aber vielleicht, als Sie einmal im Urlaub durch die Bay Area gefahren sind und in einem lokalen Radiosender eine Gesprächsrunde zum Typ-A-Verhalten, Bewältigung und Erfahrungsaustausch, moderiert wurde. Unnötig zu sagen, dass eine solche Radiostation speziell hierzulande fehlt.

In den 70er Jahren machten sich zwei Mediziner in San Francisco auf, den lange vermuteten Einfluss von Stress auf die Verursachung von Herzinfarkten zu überprüfen. Die Schlussfolgerungen ihrer gut fundierten Ergebnisse zeigen eindeutig: Stress spielt eine sehr große Rolle nicht nur bei der Verursachung des Herzinfarkts, sondern auch bei der Entstehung vieler anderer als psychosomatisch eingeordneter Erkrankungen.

Was sie damit auslösten, war neben einem Sturm der Entrüstung unter Chirurgen und Schulmedizinern, deren Paradigmen damit unwiderbringlich – ungeachtet deren vorhandener oder nicht vorhandener Wahrnehmungsschärfe – einstürzten, eine Welle von Spin-off-Erkenntissen in der Psychologie, Anthropologie und vor allem Organisationspsychologie. Von dort aus geht es bekanntlich weiter zur Unternehmenskultur und zum Konfliktmanagement.

Heute noch gibt es Mediziner, die dabei beobachtet werden, wie sie den einstürzenden Dachbalken ihrer vermeintlich festgezurrten Paradigmen ausweichen, und es gibt immer noch genügend Unternehmen, die es sich auf Grund eines Polsters der Vergangenheit leisten können, nicht einzugestehen, dass der Mensch und seine Effektivität im Unternehmen der Hauptwertschöpfungsfaktor schlechthin ist. Und damit sind wieder das Gehirn und seine grundlegenden Funktionen unter Stress gemeint – und nicht das untere rechte Lungenflügelsegment.

Mit der Entdeckung des Typ-A-Verhaltens befinden wir uns an der Schnittstelle zur bewussten Gestaltung der eigenen Biografie. Sie haben Ihr Leben mehr in der Hand, als Sie glauben, und es ist mit Stressmanagement viel leichter, für sich selbst Verantwortung zu übernehmen. Hier liegt ein Schlüssel bereit. Meyer Friedman und Ray Rosenman haben nicht nur die wissenschaftlichen Grundlagen gelegt, sondern auch effektive und erlernbare Strategien erarbeitet, mit der der Typ A sich selbst helfen kann, ein anderer zu werden. Im Falle des Typ A ist das besonders wichtig, da dieser mit einem deutlich erhöhten Herzinfarktrisiko lebt.

Das Typ-A-Verhalten tritt dann erkennbar zum Vorschein, wenn starker innerer und unbewältigter Stress in Form einer chronischen Reaktion über längere Zeiträume vorherrscht. Alle Lebensfunktionen werden hiervon erfasst. Natürlich auch die Persönlichkeitsstruktur und das hierdurch gefilterte und gesteuerte Verhalten des Einzelnen. Es gibt sogar Gruppen und Kulturen auf unserer Erde, die von einem höheren Stresslevel geprägt sind als andere.

Wie es zum Typ-A-Verhalten kommt und wie es sich entwickelt, zeigt die folgende schematische Darstellung, die aus dem Buch von Friedman und Ulmer, *Treating Type A Behavior and Your Heart,* entnommen wurde:

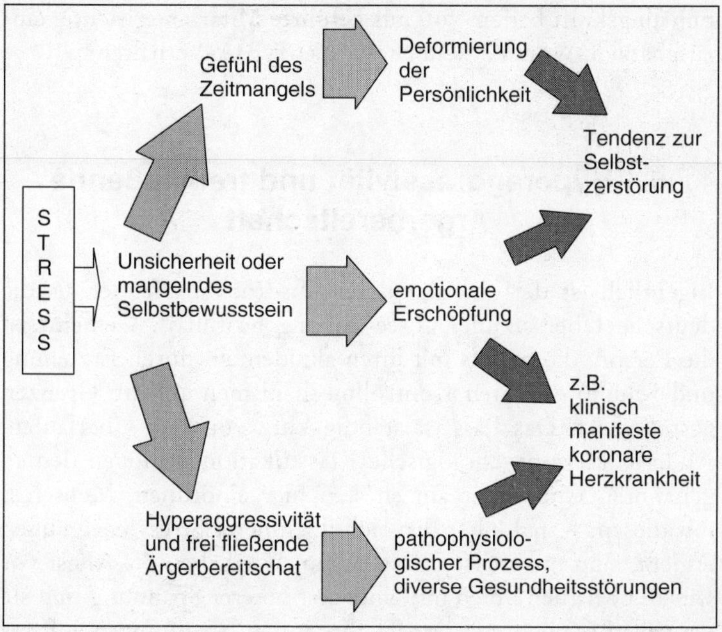

Wir erkennen, dass das Übel des Circulus vitiosus, der uns immer tiefer in eine Art Hilflosigkeit und Gefangenheit einer Stressreaktion hineintreibt, eine chronische Stressreaktion ist – woher auch immer die kommen mag. Psychologisch betrachtet, können ständige Selbstzweifel, Selbstunsicherheit, mangelndes Selbstbewusstsein etc. auf Grund frühkindlicher Prägungen durchaus eine Rolle spielen. Allerdings kommt auch eine solche Prägung nicht ständig zum Tragen, nur eben unter zunehmender Stressbelastung von innen, von tragischen Fällen einmal abgesehen. Nach Friedman und Ulmer kristallisieren sich an dieser Stelle zwei Mechanismen heraus, die durchaus auch in Kombination auftreten können. Wir wollen die Stationen einmal abschnittsweise durchgehen und uns anschauen, was dort konkret passiert und wie wir diese Stationen erkennen können. Dieses Erkennen soll uns später selbst nützen oder uns als

Führungskraft helfen, von uns geführte Mitarbeiter richtig einzuschätzen. Woran erkennen wir das Typ-A-Verhalten?

6.1 Hyperaggressivität und frei fließende Ärgerbereitschaft

Eigentlich ist der amerikanische Ausdruck treffender als die deutsche Übersetzung: „Free-floating hostility". Gemeint ist die Person, die bereits mit ihren akzidentell (durch Erziehung und Schule) erlernten Kontrollmechanismen an ihre Grenzen gestoßen ist. Das Fass ist ständig kurz vor dem Überlaufen. Andere, ältere psychologische Klassifikationen mögen den so genannten Choleriker am ehesten hier einordnen. Menschen mit diesem Kanal, über den sich ihr innerer Stress nach außen ergießt, sind uns meist unangenehm. Wir haben oft Angst vor Ihnen, begegnen ihnen mit einer Art innerer Spannung und sie verstehen es auch meisterhaft, ihre innere Spannungen auf uns zu übertragen, uns quasi mit ihrer eigenen Unzulänglichkeit und Inkompetenz, mit Stress umzugehen, anzustecken. Wir fühlen uns häufig auch sofort unsicher und unfähig, was dazu führt, dass wir uns plötzlich nicht mehr so ausdrücken können, wie wir wollen, uns die richtigen Worte fehlen, wir uns nonverbal unsicher verhalten, sodass der andere uns zu dominieren beginnt etc. Dabei sollten sie uns Leid tun, diese armen Schweine, denn sie steuern früher oder später auf ein Desaster zu: gesundheitlich, mental, beruflich oder biografisch, wenn sie ihren Zustand nicht erkennen und rechtzeitig gegensteuern. Eine traurige Erfahrung ist leider, dass es erst zu dramatischen Ereignissen im Leben dieser Personen kommen muss, bevor sie selbst bereit sind sich zu ändern.

In diesem Zustand melden sich bei uns innere Stimmen, die sich dann so anhören mögen:

„Ich werd's ihm zeigen; ich muss einfach besser sein; das wollen wir doch mal sehen, wer hier Recht hat; muss ich mich schon wieder über so einen Kleinkram aufregen; ich glaub, ich bin von lauter Idioten umgeben; das darf doch nicht wahr sein, was der da macht, das ist der größte Schrott, der mir je begegnet ist, etc."

Wenn es in Ihrem Oberstübchen jeden Tag unaufhörlich so zugeht, dann dürfen Sie sich bereits jetzt ernsthaft Gedanken über Ihre eigene Effektivität machen, bevor Sie sich über diejenige von anderen ereifern und sich vorschnelle Urteile anmaßen.

Äußerlich für jeden verräterisch erkennbare Symptome des Typ-A-Verhaltens sind:

Körper und Stimme:	
• abweisendes Gesicht, feindlicher Blick mit Betonung im Mund-Kiefer-Bereich und in den Ringmuskeln um die Augen (zusammengekniffene Augen). „Der schaut vielleicht verkniffen."	K
• Ausbildung einer tic-ähnlichen Grimasse, bei der die Mundwinkel so weit zurückgezogen sind, dass die Zahnreihen leicht entblößt und sichtbar werden. Dies ist ein Merkmal schwerer FFH.	K
• feindseliges, kreischendes Lachen	E
• Ballen der Faust während normaler Unterhaltung (meist nicht gut sichtbar, in der Hosentasche oder unter dem Tisch)	K
• unfreundliche, aufreizende, schnarrende Sprechweise	V
• häufiger Gebrauch von Obszönitäten und Schimpfwörtern	V
• Zähneknirschen	K
• Tic, die Augenlider kurz anzuheben und das obere Weiße um die Pupille zu entblößen	K

Sie sehen, dass es sich um leicht beobachtbare Symptome handelt. Wir registrieren diese Dinge meist unbewusst. Das bewusste Registrieren erlaubt es uns, dass wir einen ersten Schritt tun, um uns von diesen stressgeplagten Menschen nicht mehr willenlos anstecken zu lassen. Wir sehen sie jetzt anders: als solche, die ein Problem haben. Wir müssen dieses nicht übernehmen. Allein diese Beobachtungsgabe zu schärfen wird Ihnen helfen, sich im Alltag von unnötigen Stressbelastungen freizuhalten. Vielleicht gehen Sie später – wenn Sie das Buch ausgelesen haben – sogar so weit, dass Sie versuchen dem anderen eine Brücke zu bauen, mit der er oder sie aus seinem miesen Zustand des inneren Stressüberlaufens herauskommen kann. Er oder sie wird Sie dafür „lieben"! (Also überlegen Sie es sich noch einmal im Einzelfall …)

In der folgenden Aufstellung sehen Sie biografische Manifestationen, wie sie der Typ A, mit ungebremstem Schaum durchs Leben rasend, um sich herum aufsammelt. Es ist manchmal erstaunlich, wie sich die Ereignisse im Leben von Menschen vergleichen lassen. Uns wird dies meist weniger bewusst, da wir uns über solche Dinge nicht gerade häufig mit den Mitmenschen austauschen. Die Themen gelten als zu privat, zu indiskret. Selbst oder gerade vor unserem Lebenspartner hüten wir diese Themen als peinliche Begleiter, die eigentlich Warnhinweise sein wollen. Es lohnt sich hinzugucken, auch wenn's uns leise gruselt bei so mancher Selbsterkenntnis. Glauben Sie bitte nicht, dass es sich beim Autor dieses Buches um einen vorbildlichen Guru handelt, perfekt in allen Dingen, die mit Stress zu tun haben. Nein: Er weiß sehr gut auch aus eigener Erfahrung, wovon er spricht …

Biografisches erscheint uns manchmal unheimlich vorbestimmt, gottgegeben oder genetisch veranlasst – und wird damit irrtümlicherweise als „unveränderbar" eingestuft. Ein Rütteln daran kommt einem Sakrileg nahe. Zugegeben: Dies ist eine Sache des Glaubens – oder eine Sache des Ausprobierens. Das muss jeder für sich entscheiden. Aber wenn Sie sich die biografischen Manifestationen ansehen, könnte sich schon das Bedürfnis nach Änderung einschleichen.

Biografische Manifestationen:	
• Ehrgeiz, alles in einem Wettbewerbsgeist auszuführen	E
• Ausgeprägter Zwang, auf alle Fälle zu gewinnen, auch bei Spielen mit geringer Bedeutung und im Spiel mit Kindern vor dem Teenageralter	V
• Neigung zur Dominanz in allen privaten und geschäftlichen Situationen	V
• Leicht erweckbare Reizbarkeit, insbesondere wenn andere Personen nicht den eigenen Vorstellungen von Wohlverhalten oder Korrektheit entsprechen	E
• Fixierte und ärgerlich verteidigte Meinungen über fast alle sozialen, ökonomischen und politischen Themen	M
• Unfähigkeit, sich über Erfolge anderer mitzufreuen	E

Hier eine Übung, die unseren Gewohnheiten nahe kommt: Sehen Sie sich eine der im Überfluss angebotenen Talkshows an und studieren Sie doch mal, mit welcher Geschicklichkeit die dort versammelten Typ-A-Persönlichkeiten (andere schaffen es meist gar nicht, dorthin zu kommen) sich alle Mühe geben, ihre fixierten Ansichten flexibel, gesellschafts- und randgruppenverträglich darzustellen, damit die Einschaltquote und der gedankliche Proporz gerettet sind. Gleichzeitig aber dürfen Sie die Gesichter studieren und ablesen und heraushören, wie viel Typ A jeweils dahinter steckt. In den Medien laufen viele Typ-A- Persönlichkeiten herum. Der Grund ist so simpel, dass es schmerzt: gestresste und unter Spannung stehende Menschen ziehen die Aufmerksamkeit mehr auf sich als die im Lot befindlichen und oberflächlich eher „langweilig“ wirkenden Zeitgenossen/innen.

6.2 Das Gefühl des Zeitmangels

Im Alltag sind wir ja der Ansicht, dass Zeitmangel eine objektive Größe ist – so wie ein Mangel an Geld oder Wohnraum. Zeit ist hingegen etwas sehr Subjektives und wird durch das jeweilige Ausmaß an innerem Stress definiert. Im Folgenden lesen Sie zwei Auflistungen aus Friedman und Ulmer, die uns die Merkmale des Typ A im Rausch der Zeit nahe bringen. Hier gilt genauso wie beim Vorangegangenen: nicht erschrecken, wenn Sie dabei sind! Wie bereits bemerkt, haben wir einen ausgesprochenen Hang, uns die negativen Dinge viel besser zu merken als die positiven Ereignisse im Leben – ein evolutionär erfundener Schutzmechanismus. Daher nimmt auch unsere Wahrnehmung darüber einen großen Raum ein. Wir sind alle von Zeit zu Zeit in diesen übersteuerten Zuständen, was noch nicht heißt, dass wir der Prototyp des Typ A sind und uns hoffnungslos nahe am Abgrund befinden. Also: Gehen Sie kritisch mit Ihrer Selbstwahrnehmung um und am professionellsten tun Sie dies, wenn Sie sie durch eine Wahrnehmung anreichern, die von Ihrem Lebenspartner kommt. Zeigen Sie ihm mal diese Liste und fragen sie ihn: Bin ich das? Wenn er sich darauf einlässt, dürfen Sie sich schon auf etwas freuen: ihm zu sagen, ob er womöglich auch so sein könnte, nur manchmal, versteht sich, wir wollen ja nicht gleich übertreiben …

Körper und Stimme:	
• Anspannung im Gesicht und oftmals auch gespannte Körperhaltung	K
• rasches Augenzwinkern (> 30 Mal pro Minute)	K
• schnelle Sprechweise mit charakteristischem Verschlucken oder Einengung der letzten Worte eines Satzes	V
• Beschleunigen der Sprechweise anderer oder ständiges Unterbrechen	V
• Weitersprechen während der Einatmungsphase	K
• rasches, kraftbetontes Fingertippen oder Kniewackeln	V
• Dunkelfärbung der Lidhaut und des Hautabschnitts direkt unterhalb der Augenlider (chronischer Exzess von MSH-Hormon)	K

• Lippenschmatzer während des Sprechens (Sie schließen Ihre Lippen, bringen die Zungenspitze hinter die obere Zahnreihe und öffnen ihren Mund rasch, dadurch entsteht dieses Geräusch)	V
• Ein Ausatmungsseufzer, verbunden mit z.B. einem tiefen „Ahhhh“	K
• Kopfnicken während des Sprechens. Manche Personen nicken bejahend mit dem Kopf, während ein anderer spricht, um ihre Zustimmung auszudrücken. Beim Typ-A-Verhalten nickt der Sprecher quasi sich selbst zu und möchte andere zur vorauseilenden Zustimmung verleiten.	V
• schnelle und ruckartige Körperbewegungen	K
• exzessives Schwitzen an Stirn und Oberlippe	K

Und da wir alles wissen wollen, hier die Liste der biografischen Manifestationen, die uns begleiten, wenn wir in der Typ-A-Falle hocken:

Biografische Manifestationen:	
• Selbstwahrnehmung von Ungeduld	E
• Aktivitätsgeschwindigkeit ist so hoch, dass häufig der Rat anderer gesucht wird, um langsamer zu werden	V
• Schwierigkeiten, dazusitzen und mal nichts zu tun	V
• ausgeprägte Abscheu, in einer Schlange zu warten	V
• schneller Gang, schnelles Aufnehmen von Mahlzeiten und Unwille, nach dem Essen am Tisch sitzen zu bleiben	V
• gewohnheitsmäßiges Ersetzen von Metaphern und Sprichwörtern durch Zahlen, sogar in privaten Diskussionen	V
• polyphasisches Denken und Handeln: Der Typ A hat die ausgeprägte Tendenz, mehrere Dinge gleichzeitig zu tun oder an sie zu denken.	M

Nun werden Sie protestieren. Sind nicht einige der in den Listen aufgeführten Eigenschaften Tugenden unserer Zeit, die sogar gut bezahlt werden, z.B. Zeitorientierung, Schnelligkeit etc.? Ist das nicht etwas, was wir bezahlt bekommen, wenn wir so sind?

Lassen Sie mich mit einer Geschichte antworten, um die Tugend der Schnelligkeit besser zu verstehen. Als ich Assistenzarzt in Ausbildung auf einer Intensivstation war, lernte ich als Erstes, schnell zu sein. Das bedeutete, dass man Dinge, die man als richtig und notwendig erkannt hatte, sofort umsetzen sollte, sonst könnte es für das Leben des Patienten zu spät sein. Insbesondere war schnelles Handeln angesagt, wenn es Herzalarm gab. Die halbe Station rannte dann in irgendwelche Ecken, an irgendwelche Geräte und jeder wollte das tun, was ihm gerade als wichtig einfiel. Richtige Schnelligkeit brachte ein Oberarzt in diesen Prozess, der jedes Mal, wenn es Herzalarm gab, die Devise ausrief: „Ruhe, denn es eilt!"

Echte Schnelligkeit im Handeln setzt ein durchdachtes Konzept und Orientierung voraus. Ein Konzept, um eine Struktur zu haben, die im Verlauf des Handelns nicht in Frage gestellt wird, das könnte nämlich tödlich sein. Und Orientierung, um aufmerksam das Ziel zu verfolgen, um das es geht: das Leben des Patienten zu retten. Vielleicht kommt Ihnen dieses Bild sogar entgegen, wenn Sie an die nächste Teamsitzung denken oder an Ihr eigenes Unternehmen.

Wenn uns dieses Konzept und die nachfolgende Treue dazu fehlt, werden wir immer die von den Ereignissen Getriebenen bleiben und irgendwo landen, bloß nicht am einmal angepeilten Ziel. Aus Angst entweder vor den Wettbewerbern oder vor den Kunden wurde schon so manches Start-up-Unternehmen in den Sand gesetzt.

6.3 Was passiert eigentlich mit der Zeit im Stress?

Unser inneres Auge, das die Zeit der Bewegungen und wahrnehmbaren Ereignisse um uns herum misst, hat sich eine Zeitlinie zurechtgelegt, die kulturell unterschiedlich ist. In den westlichen, rechtshändisch dominierten Kulturen verläuft diese Zeitlinie von rechts = Zukunft nach links = Vergangenheit. Es scheint sich um eine anerzogene Selbstverständlichkeit zu handeln, mit der wir die Zuordnung von Zeitbildern vornehmen. Auch die Lektoren meines Verlages hätten mir mit Sicherheit eine Grafik rausgeschmissen mit der Bemerkung: „So geht das doch nicht!“, wenn ich diese so gezeichnet hätte:

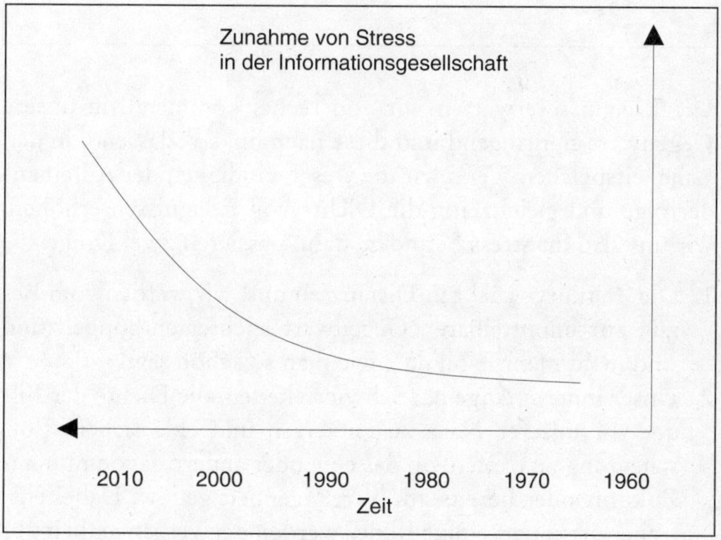

Genau, so geht’s auch nicht, die Kurve gehört einfach anders herum. Diese ständige Erziehung zur richtigen Wahrnehmung von Zeit führt dazu, dass wir in inneren Bildern Zeit auf Linien abspeichern, solchen, wo Zukunft eben rechts und Vergangenheit links ist:

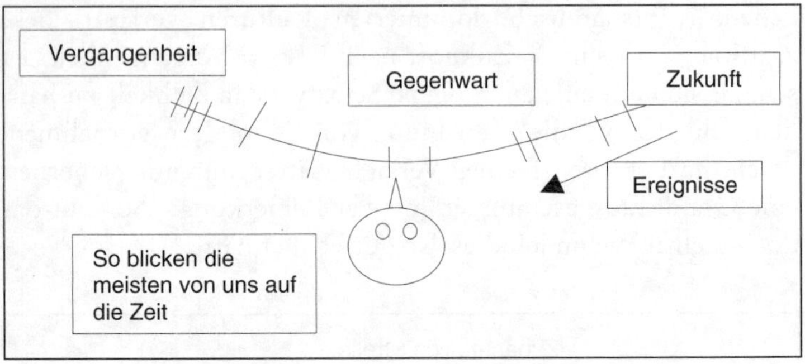

Die Ereignisse erwarten wir von rechts kommend, in unsere Gegenwart eindringend und diese nach links verlassend: in den Langzeitspeicher. Wenn wir die Geschwindigkeit der Aufeinanderfolge und gleichzeitig die Dichte von Ereignissen erhöhen, wir uns also im Stress befinden, dann passieren zwei Dinge:

1. Die Zeitkurve rückt in Distanz zu uns, wir werden vom Bezug zur unmittelbaren Gegenwart leichter entkoppelt und sind nicht mehr „voll da“, wie man so schön sagt.
2. Unser inneres Auge hat Schwierigkeiten, die Dichte der Bilder vor unserer Nase zu entzerren und eine sichere Entscheidung zu treffen, ob das eine oder andere davon nun zur Zukunft oder bereits zur Vergangenheit gehört. Dabei entstehen Irrtümer: einige Bilder werden der Vergangenheit zugeordnet, obwohl sie da noch gar nicht hingehören. Diese Fehleinordnung führt zu einem der bekanntesten und lästigsten Stresssymptome: dem „Vergessen“. Erst später „erinnern“ wir uns wieder daran, d.h., wir holen das Bild aus dem Speicher „Vergangenheit“, dass wir ja noch etwas vorhatten …

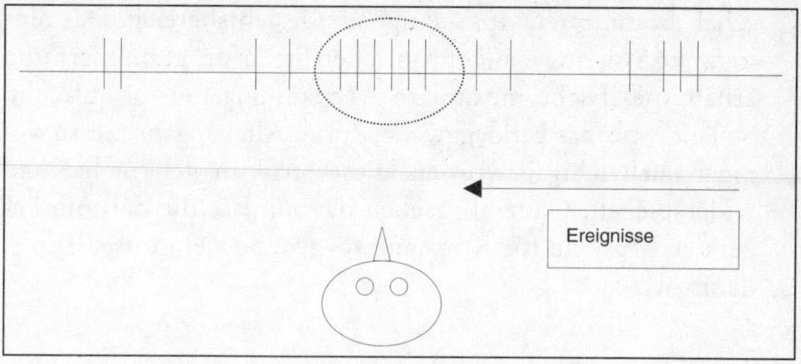

Der Typ A kennt seinen Hang zur Vergesslichkeit und stellt eine Sekretärin ein oder benutzt ein Zeitmanagementsystem. Stressmanagement könnte er auch benutzen.

6.4 Deformierung der Persönlichkeit

Wenn wir dem Modell von Friedman und Ulmer weiter folgen, kriegen wir es immer mehr mit dem Eingemachten zu tun: unserer Persönlichkeit. Ja, wir werden schon mal komisch und tun dann Dinge, die uns Leid tun – sogar Dinge, von denen wir nie dächten, wir seinen imstande, sie zu tun, Dinge, die uns peinlich sind, uns behindern, uns zu bestimmten „Typen“ werden lassen. Und wenn wir dann hier ins biografische Nähkästchen gucken, entdecken wir plötzlich ein festgezurrtes und von uns heftig verteidigtes System an Überzeugungen und Einstellungen. Wie sind wir bloß dazu gekommen, so zu denken? Stress? Hmmm. Lassen Sie uns mal sehen, was passieren könnte.

- Langfristige Beeinflussung der Physiognomie und des Gesichtsausdrucks: Auch wenn wir den Spiegel hassen: Man wird es uns langfristig ansehen können, ob wir ein Typ A geworden sind. Die Veränderungen kommen nicht plötzlich, sie kommen langsam durch eine ständige Innervationsbereitschaft bestimmter Muskelzüge im Gesichtsbereich. Das biologische System ist auf chronischen Stress programmiert und erhält spezifische muskuläre Anspannungsmuster aufrecht. So lange, bis das Bindegewebe, durch Alterungsprozesse weniger nachgiebig geworden, diese Struktur gelernt hat und widerspiegelt. Ganz abgesehen davon, dass die darunterliegenden Muskeln für Konstanz sorgen. So sieht unser Typ A dann aus:

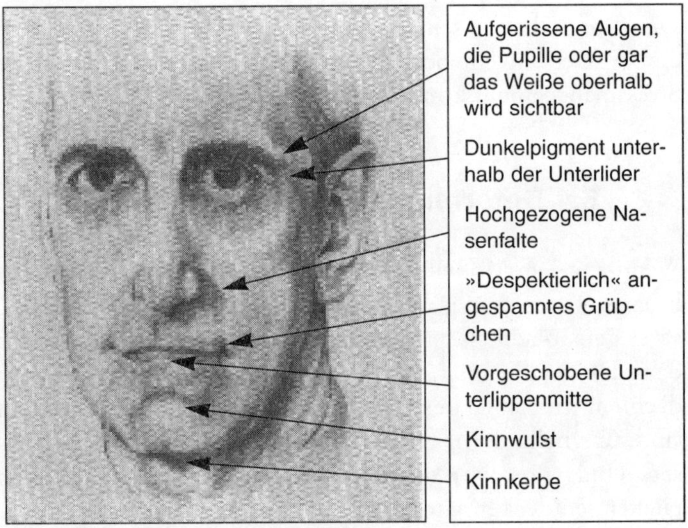

(Quelle: Friedman and Ghandour, American Heart Journal, Vol. 126, No. 3, Part 1, p. 613)

Eigentlich strahlt er ja Entschlossenheit und Willensstärke aus, könnten Sie einwenden. Sollte er nicht richtig „krank" aussehen? Tatsächlich hat er bereits seine kleinen Leiden, seine treuen Wegbegleiter, die ihn daran erinnern, dass irgendetwas nicht ganz stimmt.

- *Fixierung auf negative Gedankenketten:* Wenn im Vorangegangenen vom Vergessen als Stresssymptom die Rede war, dann mag es überraschend klingen, dass das Nicht-Vergessen-Können ebenso eins sein kann. Gemeint sind immer wiederkehrende und nicht enden wollende Gedanken an ein Unglück, eine drohende Katastrophe, an ein schlechtes Erlebnis. Es arbeitet unaufhörlich in uns weiter und bestärkt unser Gefühl, im Stress zu sein. Beim Typ A kehrt sich die Ursachenkette gern schon mal um: Der ständig vorhandene Stress erzeugt ständige schwarze Gedanken, die sich unaufhörlich wie ein Hamsterrad drehen, ohne dass wir auf Anhieb den Abschalthebel finden. Der liegt nämlich nicht im Ereignis oder Inhalt der Gedanken selbst, sondern im Stressmanagement.
- *Verlust von Nähe in Beziehungen:* Die ständig latente Dekompensationsbereitschaft beschädigt Vertrauen und Zutrauen. Auch die „Trauungen" werden dann seltener, die Menschen bevorzugen distanzierte Beziehungen, die durch Single-Lebensphilosophien und -kulturen abgesichert werden. Die Werbung besorgt den Rest durch entsprechende Bilder, wenn sich z.B. zwei Singles aus ihren Cabrios heraus anflirten.
- *Hang zur Formalisierung von Abläufen, Prozessen und Arbeiten im Geschäfts- und Privatleben, Betonung der planerischen und kontrollierenden Aspekte, die Sicherheit leisten sollen:* Der Typ A glaubt nicht, dass seine Kompetenz zum Handeln die stärkste Sicherheit sei, sondern die Kompetenz zum Planen. Demgemäß geht er auch in Lebensdetails stark planerisch vor. Er möchte sich nie Überraschungen aussetzen, alles muss so laufen, wie er es sich ausgemalt hat, sonst kriegt sein Stresslevel einen Kick zu viel. Demzufolge kontrolliert er auch gerne Details, unter dem Vorwand der Liebe noch dazu. Der oder die von der Kontrolle Betroffene wissen jedoch genau, dass es seine Unfähigkeit ist, flexibel und

situativ zu managen oder komplett (mit der dazugehörigen Verantwortung) zu delegieren.

- *Entwicklung weitreichender Zukunftsvisionen, mitunter begleitet von metaphysichen Eschatologien im Denken – bei gleichzeitiger Unfähigkeit zum Pragmatismus:* Dieses Phänomen ist ein mentaler Fluchtreflex, in der Qualität seines Ergebnisses kaum unterscheidbar von dem Fluchtreflex, der in unseren Beinen zuckt. Archaische Instinkte haben das Zepter in der Hand und geben das Ergebnis vor: Weit draußen in der Zukunft, überhöht und entfernt von der täglichen Wirklichkeit muss es liegen, sonst hat es für den Typ A keinen subjektiven Wert. Immer wieder sucht er Mitstreiter, die ihn auf diesem Weg begleiten, denn ganz alleine da vorne zu sein ist unendlich traurig. Er entwickelt eine energiereiche Überzeugungskraft, wenn es um dieses Spiel geht.
- *Verlust der Empathie mit anderen, Isolierung von Freunden:* Dies ist fast eine Folge seiner kognitiven Überlast, die die Zukunft zu planen versucht. Meist kann sich ein Typ A daher nicht auf ein richtiges Abenteuer einlassen. Eine Beziehung mit dem anderen Geschlecht ist immer ein solches Abenteuer, welches bestanden und durchlebt werden will. Der Typ A plant …
- *Betonung materieller Sicherheiten im Leben, Meidung von Situationen mit offenem Ausgang:* Sein Dominanzstreben braucht Insignien: Güter, Positionen in Gruppen und Organisationen, gute Kontakte zu Macht ausübenden Institutionen oder Personen. Situationen mit offenem Ausgang, wie spontane Diskussionen oder ungeplante Begegnungen, überfordern ihn. Er meidet sie oder versucht, sich ihnen sofort wieder zu entziehen, kaum dass sie ihn überrascht haben.
- *Streben nach Macht:* Auch wenn ein Zwerg hinter einem großen Schreibtisch sitzt, hat er das Gefühl, groß zu sein. Die Selbstunsicherheit und das innere emotionale Glatteis veranlassen den Typ A, Kompensationsverhalten in äußeren

Attributen zu suchen. Größe, PS-Stärke, umfassendes Wissen, Kontrolle über jede Bewegung ist angesagt. Wundert es Sie, dass ein Phänomen der Globalisierung der Wirtschaft der heftige Drang ist, sich mit den Wettbewerbern schnell zu immer größeren Unternehmensgiganten zu verbünden? Die Angst, allein für sich nicht existieren zu können, greift um sich und Wachstum durch Innovation scheint wesentlich anstrengender zu sein als mal eben eine Megafusion. Sie dürfen nicht vergessen: Unternehmen werden von Menschen geführt ...

- *Vernachlässigung liebevoller Details in Kleidung, Wohnung, Umgang mit anderen:* Es wird dem Typ A schon mal einiges wurscht: wie die Wohnung gerade aussieht, ob er nett und aufmerksam zu anderen war oder ob die Krawatte wirklich zum Hemd passt. Aber täuschen Sie sich nicht: Da die Typ-A-Professionellen unter uns einen ausgeprägten Hang zur Kontrolle haben, sind sie natürlich auch in der Lage, sich selbst perfekt zu kontrollieren. Manche tun das – mit dem Ergebnis eines nach außen perfekten Auftretens. Bei näherer Betrachtung erfährt man jedoch, wie wurscht und egal es ihm eigentlich ist, Umgang mit uns zu haben.
- *Unsicherheit und Verzögerungen bei Entscheidungen, meist kaschiert als Wissenslücke oder Einbindungsprozess von anderen, Verlust der Intuition für das situativ Richtige/Passende:* Der Stressreflex hält den Typ A chronisch auf dem Grat zwischen Flucht und Angriff, was auf eine komplette Entscheidungslosigkeit hinausläuft. Geschickt versucht er, diesen Eindruck zu umgehen, indem er eine intelligente Überlegung nach der anderen auftischt, um mehr Wissen zu besorgen, andere besser einzubinden, nach einer noch besseren Alternative zu suchen (u.U. monatelang) usw. Ihn zu einer Entscheidung zu zwingen endet unerfreulich: Entweder er verschwindet und flieht Ihre Nähe oder er geht gleich zum Angriff über. In beiden Fällen haben Sie nichts davon.

- *Unflexibilität und Starrheit, meist wird Neues nur daraufhin untersucht, inwieweit man es in Bestehendes integrieren kann, sodass es die Eigenart und damit natürlich auch den Wert des Neuen vollständig verliert, Innovationsschwäche:* Obwohl er immer nach vorne blickt und innovativ sein sollte, ist der Typ A es nicht. Er dreht und wendet etwas Neues so lange, bis er es in Bestehendes integrieren kann – was ja an sich keine schlechte Eigenschaft ist, aber dann zum Hemmschuh wird, wenn es um etwas wirklich Neues geht. Z.B. kommt sein erstes Kind auf die Welt und das Leben ändert sich oder muss sich ändern. Da hat er Schwierigkeiten und zeigt Fluchttendenzen.
- *Häufig in sich widersprüchliche Beliefsysteme, die gegeneinander arbeiten und so automatisch für das Weitersprudeln von chronischem inneren Stress sorgen* (Beispiel: wegen Geld zu arbeiten ist niveaulos = tradierter kultureller Belief deutscher Intellektueller. Und wenn ich den Job machen soll, sollen sie mich gefälligst hoch bezahlen = vorgebahnte Anspruchshaltung vieler Hochschulabgänger. Bei dieser Konstellation wäre Aufräumen angesagt: entweder – oder, oder: ein ersetzender positiver und höherwertiger Glaubenssatz, der beides integrieren kann). Arroganz hat seinen Preis: Armut oder Leben mit Widersprüchen – beides ist eine wenig stressfreie Existenz.
- *Sucht nach vielen und schnell wechselnden Bildeindrücken in TV und Film:* Das Gehirn hat die subdominante bilderzeugende Gehirnhälfte auf die Wartebank gesetzt, es kommen nur schwerlich neue Bilder von innen. Die Person sucht die Eindrücke von außen „einzukaufen". Die Phantasie wird mit internem Post-Processing beschäftigt, d.h., die äußeren Eindrücke müssen alle erst einmal verdaut werden. Die Reserven zur Neugenerierung von eigenen Konfigurationen, die spontane, kreative Phantasie, lässt nach. Der Typ A wird repetierend in seinen Bilderwartungen, er grenzt seinen Bilderhorizont ein.

- *Beschäftigung in Diskussionen und Unterhaltungen mit Horrorszenarien:* Man könnte sie auch das Heer der professionellen Bedenkenträger nennen. Wir alle haben solche kleinen Bedenkenträger als Grundleistung einer Absicherungsstrategie in uns. Aber durch Stress mutlipliziert und auf die Menschheit losgelassen, führen sie zu dauerhaften unfruchtbaren Beschäftigungen, z.B. übertriebene Auseinandersetzung mit Gesundheitsrestrisiken, Umweltkatastrophen, drohenden Weltuntergängen, Börsenkrächen etc. Die eigene Gesundheit wird ängstlich hinterfragt, obwohl Älterwerden ein bekanntes Phänomen ist. Das Vertrauen in den eigenen Körper wird untergraben. In gleichgesinnten Gruppen schaukeln sich die Horrorszenarien stammtischartig leicht nach oben. Prost.

Diese Auflistung ist natürlich unvollständig. Wenn Sie das Prinzip einmal erkannt haben, werden Sie selbst in der Lage sein, entsprechende Entdeckungen in Ihrer Umgebung machen. Achtung: Nicht ein Merkmal allein rechtfertigt schon die Annahme, dass eine durch chronischen Stress deformierte Persönlichkeit mit Ihnen spricht, sondern dic qualitative und quantitative Häufung der Merkmale.

6.5 Emotionale Erschöpfung

Das ist ein weiteres Merkmal auf der biografischen Karriereleiter des Typ A. Emotionen kosten Kraft. Und diese Kraft hat der Typ A bereits für Zeitmangel und Ärgerbereitschaft ausgegeben. Wir sagen so schön: „Die Batterien sind leer." Woran wir auch erkennen, dass wir im Zeitalter der Elektronik leben.

„Mal auftanken, den Kopf durchpusten lassen und in die Karibik fliegen", so könnte der andere Slogan heißen – für die Mechaniker unter uns. Die Maßnahme wäre kurzfristig sicher angenehm und richtig, aber langfristig ist sie keine Lösung für den

Typ A, denn der hat nach einer Woche in der Karibik dort bereits alles organisiert: den Gartenbetrieb im Hotel, die Speiseplan- und Küchenlogistik, das Verkehrssystem und den Anschluss an die internationale Finanzwelt. Selbst an die Evakuierungspläne für den Vulkanausbruch hat er gedacht und Konzepte dafür im Kopfe kreisen lassen. Seine Frau? Ach ja, die war ja auch dabei, hier sind die Fotos, die alles beweisen können …

Die Liste der Anzeichen emotionaler Erschöpfung ist ebenfalls so zu interpretieren, wie die anderen Listen: Nicht immer und nicht überall ist es so mit uns, wie wir meinen. Insbesondere dann, wenn wir ein Typ A sind, neigen wir dazu, die Katastrophenannahme in den alles vernebelnden Vordergrund zu rücken.

Emotionale Erschöpfung:	
• Libidoverlust	E
• Treffen mit anderen Menschen und Freunden wird zu einer Anstrengung	E
• Keine spontan positive Reaktion auf Kinder	E
• Kein spielerisches Verhalten mehr im Privat- und auch Intimbereich	E
• Gleichförmigkeit in der Stimme, Verlust der Modulation	E
• Wandern der Stimme in die oberen Tonlagen, hauchige Sprechweise	E
• Statt Gebrauch der Hände beim Sprechen zur Betonung des Gesagten: häufiger Einsatz der Hände auf dem Papier – zum Blättern und Mitschreiben	E
• Eingefrorene Körpersprache	E
• Keine Lust auf Urlaub oder Verreisen	E
• Konzentrationsmängel: Was hast du gerade gesagt?	M
• Vergesslichkeit für Vorgänge, die in persönlichem Bezug zu anderen Menschen stehen (Geschenke, Geburtstage)	M
• Unfähigkeit, sich in andere hineinzuversetzen	E
• Suche nach Sensationen (die emotionale Ansprechschwelle wird immer weiter heraufgesetzt, alles andere erscheint langweilig)	E

Diese emotionale Erschöpfung kann lange durch Regenerationszeiten und -maßnahmen teilweise kompensiert oder in einem erträglichen Zustand gehalten werden, so dass Sie meinen, Sie führen eigentlich ein erfolgreiches und aufregendes Leben. Sie könnten sogar damit angeben. Bis nach Jahren der totale Burnout droht. Mit Arbeitsplatz- und Identitätsverlust. Ihre Familie hat Sie zu diesem Zeitpunkt innerlich schon längst verlassen, so Sie bis dahin jemals eine hatten.

6.6 Pathophysiologische Prozesse

Das ist Medizin-Chinesisch und bedeutet, dass Gesundheitsstörungen und Dysfunktionen in bestimmten Organbereichen (anderen als den im Kopf, die haben wir gerade diskutiert) bereits unsere ständigen Begleiter geworden sind. Ob es sich um die obligatorische Urlaubsgrippe handelt, Nackensteife mit Kopfschmerzen, chronische Gelenkbeschwerden als Folge von Fehlbelastungen und Muskelverspannungen, mal einen kleinen Hörsturz gehabt, Herzstolpern, Gastritis etc. – da ist jeder individuell einfallsreich und macht seinen Stress zum Thema auf der körperlichen Ebene. Manchmal ist das auch eine Art Gesellschaftsspiel mit leider ernstem Hintergrund. Denn langsam geht es dabei um das Aufbrauchen der Substanz. Natürlich ist es dem Einzelnen überlassen, wie gesund er sein will, und das Rentenalter zu erreichen ist auch kein individuell verpflichtender Wert. Aber Sie selbst sollten sich mit Sicherheit so viel wert sein, dass Sie solche Erscheinungen nicht mehr zulassen wollen. Es geht, wenn Sie die Ansätze für Ihr Stressmanagement in den weiteren Kapiteln sorgfältig auswählen und umsetzen.

Der Typ A hat sich an seine gesundheitlichen Negativbegleiter schon liebevoll gewöhnt. Sagen sie ihm doch indirekt immer wieder, was er hören will: dass er unersetzlich ist und daher auf seine Gesundheit achten und sie kontrollieren und kontrollieren lassen muss. Dazu zumindest verpflichtet ihn seine Wahnvorstellung von der Unersetzbarkeit.

6.7 Tendenz zur Selbstzerstörung

Hier befinden Sie sich in der Gefahrenzone. Die anhaltende Unfähigkeit, Stress zu bewältigen, führt im weiteren Fortgang zur Selbstzerstörung. Die in der Auflistung gezeigten Grundannahmen über sich selbst sind die Konsequenzen. Manchmal werden diese speziell von intelligenten Menschen bis hin zur Lebensphilosophie ausgearbeitet oder von großen Vorbildern entlehnt – was natürlich den Zugang zur Selbsterkenntnis erschwert, weil jetzt angeblich tonnenschwer und durch die Weltliteratur beweisbar wird, was man schon immer gedacht und gefühlt hatte. Arme Teufel. Und diese Teufel arbeiten im eigenen Kopf weiter, so lange, bis unbewusst Risiken eingegangen werden, die tatsächlich das vorzeitige Ableben mit sich bringen, wie z.B. Paragliden, Rasen mit Motorrad oder Auto, Gipfelstürmen, risikoreiche Natur-Expeditionen, risikoreiches Verhalten in Alltagssituationen. Auch diese Dinge werden häufig als Selbstverständlichkeiten oder letzte Wahrheiten angeführt und verteidigt, bis sie den Träger so im Griff haben, dass er sich in sozialen Verbänden organisiert und sogar noch missioniert. Auf der Denkebene nisten sich etwa folgende Gebilde ein:

Selbstzerstörerische Grundüberzeugungen:	
• Man kann eh nichts besser machen.	M
• Alles ist nur ein Tropfen auf den heißen Stein.	M
• Alles wird nur schlechter.	M
• Die Kultur geht unter.	M
• Diverse böse Mächte ruinieren unsere Welt (der Kapitalismus, das Fernsehen, die Globalisierung, die religiösen Fanatiker, der Autoverkehr, die Geheimdienste, die Bürokratie, die Dummheit der Masse etc.).	M

• Ich muss mich ja ständig um andere kümmern.	M
• Für mich selbst bleibt nie Zeit.	M
• Einer muss sich ja opfern.	M
• Ich müsste nochmal von vorne anfangen.	M
• Bis zur Rente muss ich einfach durchhalten.	M
• Keiner honoriert das, was ich mache.	M
• Jetzt ist es eh schon zu spät.	M

Alles Einbildung? Vielleicht nicht alles. Zumindest aber ist das häufig die Selbstwahrnehmung im entgleisten chronischen Stress. Um das Bild noch abzurunden, wird es um eine weitere Liste ergänzt, die die dazu passenden philosophischen Grundhaltungen nennt: Der Typ A unter uns kann jetzt gezielter wählen, wie er sich professionell intellektuell absichern will. Eigentlich war das nicht unser Ziel, aber diese Konsequenz ist nicht vermeidbar.

Zementierende Philosophien:

- Kulturpessimismus
- Sekten- und Religionseschatologien vom Untergang der Welt
- Karma- und Kismetmissbrauch: Uminterpretation, um Erträglichkeit der inneren Wahrnehmung von sich selbst zu erzeugen
- Opferungsmythen in Religionen und Sekten
- „Endsieg"-Annahmen
- Fatalismus
- Passivismus („Der Weise wagt nicht zu handeln")
- Nihilismus

Stellt sich Ihnen ab und zu die Frage nach dem Sinnzusammenhang? Schließlich sind wir mal von der These ausgegangen, dass sich Mutter Natur hierbei etwas gedacht haben könnte. Nun, es ist durchaus vorstellbar – dabei war keiner von uns – dass in Situationen äußerster Bedrohung Menschen bereit waren, sich für die Gruppe zu opfern und sich dem Tiger oder einem anderen Carnivoren als Fraß zu opfern, bevor der sich Frau und Kinder holt. Interessante und gleichzeitig zynisch grausame

Querverbindungen zu Kriegsführungstheorien bzw. zur Ausbildung deutscher Wehrmachtsoffiziere in den 20er Jahren des letzten Jahrhunderts ergeben sich hier.

6.8 Koronare Herzerkrankung

Der Herzinfarkt ist nur ein Beispiel für eine stark stressbedingte Erkrankung. Auch die bereits angesprochenen anderen Gesundheitsstörungen können in manifeste Krankheiten münden. Den Therapeuten, der sich mit Ihrem Stress dann beschäftigt, lernen Sie erst kennen, wenn das Kind schon in den Brunnen gefallen ist – nach dem Infarkt, nach der Krebsoperation, nach dem schweren, selbst herausgeforderten Unfall: in der Rehabilitationsklinik. Dafür müssen Sie die Intensivstation erst mal überlebt haben. Die Therapeuten helfen Ihnen dann sicher professionell, aber Sie dürfen sich ruhig jetzt schon die Frage stellen: Muss es erst soweit kommen?

Es ist höchste Zeit, nach Strategien und Ansätzen zu fahnden, mit denen Sie das Phänomen entgleister, übersteuerter oder chronischer Stress in den Griff kriegen. Dazu muss man nicht krank werden, es reicht schon die Wahrnehmung der eigenen Ineffektivität.

7. Die Stresskurve

Nachdem uns die Komplexität des Problems – Umgang mit Stress – nun deutlich wurde, erhebt sich die Frage: Wie und wo sollen wir denn ansetzen, um diese Reaktion und Eigendynamik in uns in den Griff zu kriegen? An welcher Stelle benötigen wir den „freien Willen", es anders zu machen und uns von vordergründig vorgebahnten Zwängen zu befreien?

Modelle gab es in der Vergangenheit viele, die dies zum Ziel hatten. Patentrezepte auch. Mit Letzterem denke ich, können Sie wenig anfangen. Auch wenn wir es uns so sehr wünschen würden – mit einem Fingerschnippen fangen wir uns selbst nicht ein. Das würde ja bedeuten, dass wir primitiv und simpel konstruiert sind, wo bleibt da unsere differenzierte Persönlichkeit!

Dennoch brauchen wir ein Modell, wenn wir im praktischen Sinne erfolgreich sein wollen. Das folgende Modell hat alle Vorzüge, die wir brauchen:

- Es reduziert die Komplexität auf einen verständlichen Ansatz.
- Es erlaubt uns, individuelle Lösungen zu finden.
- Es missachtet in ausreichender Weise die 5 % der Phänomene, die nie einzuordnen sind und daher in kein Modell passen.
- Es hat sich in der Praxis bewährt.

7.1 Performance unter Stress

Wir reden vom Yerkes-Dodson-Law. Es betrachtet den Zusammenhang zwischen der Wirksamkeit eines bestimmten Systems und Stress quasi als Antriebsgröße. Die Wirksamkeit kann sich auf Ihre emotionalen, körperlichen, mentalen oder verhaltensmäßigen Leistungen beziehen – also auf den ganzen Menschen als Privatperson und in der Arbeit. Es erlaubt uns eine ganzheitliche Betrachtung der Zusammenhänge. Das ist auch notwendig, denn den Stresshormonen ist es egal, ob sie auf den Rezeptor der Gehirnzelle oder der Muskelzelle im kleinen Zeh treffen, sie erzielen ihre Effekte und tun ihre Arbeit unabhängig vom Zielorgan. Die Aufgabe besteht darin, die Funktionalität des betreffenden Systems anzukurbeln, was immer dann dabei rauskommt.

Wir kennen das Yerkes-Dodson-Law meistens nur zur Hälfte. Jeder von uns hat die Erfahrung gemacht, dass Menschen unter Termindruck oder angesichts anderer Herausforderungen schneller und produktiver werden. Diese allgemeine Erfahrung sieht dann so aus:

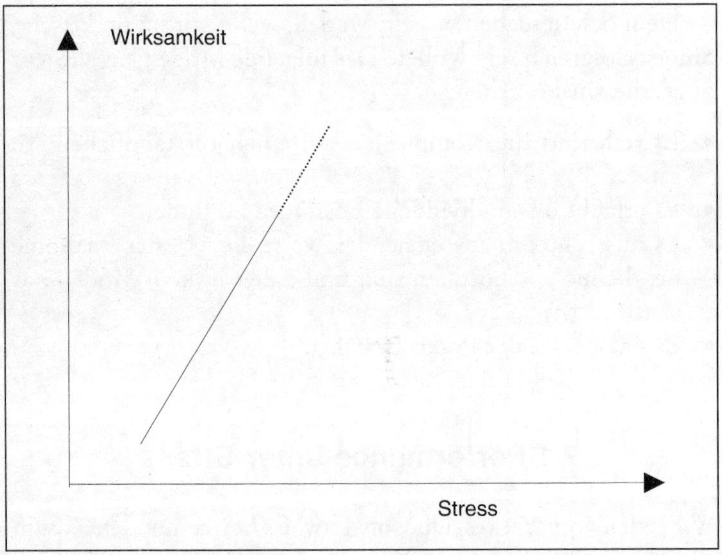

Im ersten Schritt stellen wir fest: „Aha, wenn ich dem Kerl etwas mehr Druck mache, kommt er raus aus seiner Lethargie und dann geht das alles effektiver." Im zweiten Schritt – gestrichelte Kurve – mögen wir diese Erfahrung sogar noch einmal wiederholen. Neue Ziele der Unternehmensleitung oder neue selbst gesetzte Ziele (das Eigenheim in vier Monaten) mögen dann allerdings eine Überraschung bringen: Es läuft nicht mehr so wirksam wie gedacht. Über den Mitarbeiter denken wir: „Der hat aber nachgelassen." Über uns selbst denken wir: „Das muss doch zu schaffen sein!", wobei wir nicht mehr bemerken, was wir sonst auch nicht mehr schaffen, was bereits alles auf der Strecke geblieben ist. Wir rudern dann bereits im Stress, unser Mitarbeiter auch, und haben meist keine Zeit mehr, die grundlegende Frage zu stellen: „Wie geht es denn eigentlich weiter mit der Leistungskurve?" Antwort: Jetzt haben Sie mal Zeit und es geht so weiter:

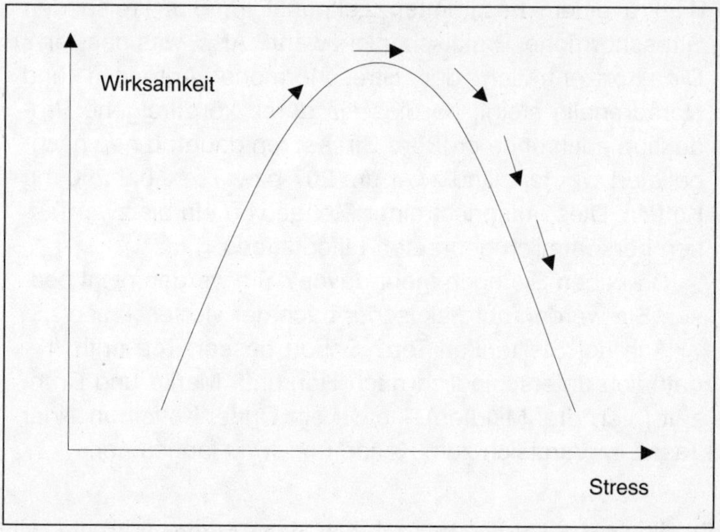

In Worten: Die Wirksamkeit/Leistung sinkt ab einem bestimmten Höhepunkt, der individuell verschieden ist, wieder ab – bis auf null, wenn wir es drauf anlegen und den Stress immer weiter in uns ansteigen lassen. Meist tun wir das Gegenteil: Wir unternehmen alles, um die Leistung weiter zu steigern in Unkenntnis des wahren Kurvenverlaufs.

Die aus dieser Erfahrung abgeleitete Annahme ist, dass wir noch mehr aus uns herausholen können, wenn wir noch ein paar Stressoren mehr verwenden. Z.B. mehr oder noch herausforderndere Ziele, engere Zeitfenster, Prämien, Incentives oder Kaffee. Ach, hätten Sie gerne eine Tasse Kaffee? Bitteschön, wo wir schon mal dabei sind:

Kaffee ist neben Nikotin seit Jahrhunderten die Droge der Leistungsgesellschaft. Die Wirkung des Kaffees besteht unter anderem in der Verzögerung des natürlichen Abbaus der zu einem bestimmten Zeitpunkt im Blut kreisenden Stresshormone. Praktisch, nicht wahr? Also, was passiert? Die Konzentration der Stresshormone Adrenalin und Noradrenalin steigt, da diese ja durch körpereigene Produktion auch ohne größere Stressoren dauernd neu nachgeliefert werden. Und zwar um 207 bzw. 75 % bei 250 mg Koffein. Dies entspricht einer Menge von ein bis zwei Tassen herkömmlich gebrauten Filterkaffees.

Brauchen Sie noch mehr davon? Sie werden nicht besser, Sie werden nur hektischer nach der vierten Tasse …

Ach so, Sie trinken Tee? Schon besser: Tee enthält – natürlich unterschiedlich nach Herkunft, Marke und Brühzeit (hier: drei Minuten) – etwa ein Drittel Koffein in einer Tasse im Vergleich zum Kaffee und wirkt langsamer.

Es gibt in der Kurve offensichtlich einen Höhepunkt, wo sich Stress und Wirksamkeit kreuzen. Ab da geht die Wirksamkeit zur Neige. Falls wir der Ansicht sind, der Kerl oder auch innere Schweinehund ruht sich ja nur aus, also geben wir ihm noch einmal einen ordentlichen Tritt in den Hintern, damit endlich … vielleicht hilft ja doch ein doppelter Espresso?

Nein, tut er nicht, oder wollen Sie in den Genuss der zunehmenden Ausfallerscheinungen kommen, die sich jetzt beginnen abzuzeichnen? Da diese vielfältig sind, haben wir uns hier nur auf qualitative Aspekte beschränkt und auf die Darstellung der 1000 Möglichkeiten zu versagen verzichtet. Die Beispiele sollen Ihnen helfen, in etwa einzuordnen, wo Sie selbst oder ein Ihnen Nahestehender sich auf der Übersteuerungsskala befindet.

Außerdem erkennen Sie auf der nächsten Grafik, dass wir den Unterschied zwischen positivem und negativem Stress markiert haben. Diese Begriffe sind ja in aller Munde und viele wissen nicht genau den einen vom anderen zu unterscheiden. Jetzt wird es klarer: Der positive Stress bringt uns zum optimalen Performancepunkt und der negative Stress beginnt dort, wo er keine Wirksamkeitssteigerung mehr auslöst, sondern das Gegenteil bewirkt.

Die Grenze ist natürlich individuell sehr verschieden. Diskussionen darüber, ob ein Ereignis in einem Team jetzt positiver oder negativer Stress sei, sind also von vornherein zum Scheitern verurteilt und unfruchtbar, weil die Frage objektiv nicht entscheidbar ist. Jeder antwortet aus seiner gefühlsmäßigen Selbstwahrnehmung heraus. Noch unfruchtbarer und wertvernichtender in Bezug auf die zur Verfügung stehende Zeit kann man die Diskussion gestalten, wenn man die Frage stellt, ob das stressauslösende Ereignis in Zukunft nicht vermieden werden sollte … Die zielführende Frage ist: Wie gehen wir damit professionell um, was tun wir, wie sollen wir reagieren?

Lassen Sie uns im Folgenden die qualitativen Stationen des Versagens im Kurvenbereich des negativen Stresses einzeln durchgehen, damit wir ein Gefühl bekommen, wo wir bestimmte Erscheinungen einordnen müssen, wie weit es mit der

Übersteuerung gediehen ist und wo wir etwa Phänomene wie Vergessen, Fehler (siehe Kurve) einordnen müssen.

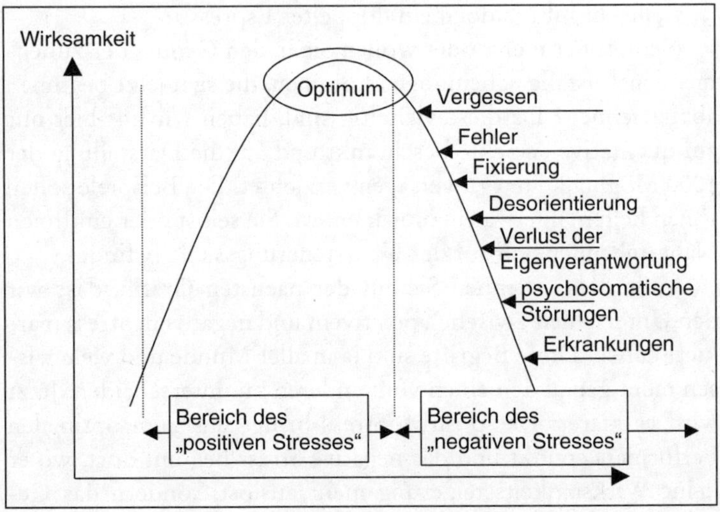

7.2 Vergessen

Den Mechanismus des Vergessens (bzw. das Modell dazu) haben wir schon weiter oben erläutert. Vergessen bei Stress beinhaltet:

- Wir vergessen pauschal so manches – unspezifisch.
- Wir vergessen genau die wichtigen Dinge, z.B. den Geburtstag des Partners.
- Wir können nicht vergessen.

Alle drei Erscheinungen sind mehr als ärgerlich und beeinträchtigen unsere Effektivität als Manager, als Partner, als Person. Ob wir mehr zum einen oder anderen neigen, mag nicht nur charakterlich, sondern auch situativ bedingt sein. Letztlich bringen wir alles fertig. Glauben Sie nun, dass mit Gedächtnistraining, Mnemotechniken allein das Geschehen zu beherrschen sei? Hoffentlich nicht. Trainieren Sie ruhig und lernen Sie zum Spass die fünfte Fremdsprache, aber erwarten sie nicht, dass unspezifisches Gedächtnistraining Sie vor dem Vergessen im übersteuerten Stress schützt. Alarmglocken sollten läuten, wenn Ihnen Ihre Mutter erklärt: „Das hast du uns vor kurzem schon mal erzählt!“ – „Ach, habe ich das …?“

7.3 Fehler

Drehen wir ein bisschen weiter an der Schraube. Wir kommen als Nächstes zu einem Punkt, wo sich Fehler zu häufen beginnen. Das Individuum beginnt, seine Adaptationsfähigkeit an die Situation zu verlieren, die es braucht, um eine bestimmte Qualität unter wechselnden Bedingungen herstellen zu können.

Es hat sich im TQM-Bereich schon längst herumgesprochen, dass Produktionsqualität viele menschliche Faktoren mit einschließt. Fehler entstehen ja nicht durch absichtlichen Pfusch, sondern eben weil das Optimum nicht erreicht ist: von rechts oder von links auf der Kurve. Von links bedeutet es Stressmanagement und von rechts Ziele, Herausforderungen, Anreize, Motivation.

Im ersten Stadium machen wir Fehler und bemerken diese. Wir korrigieren sie dann auch gleich oder wenig später. Bei fortschreitendem Stress bemerken wir den Fehler auch noch, verschieben jedoch die Korrektur nach hinten, auf später, weil sich etwas angeblich Wichtigeres dazwischendrängt. Dieses Vorgehen ist natürlich mit dem Risiko des Vergessens behaftet, das ja bereits eingesetzt hat.

Im nächsten Stadium bemerken wir den Fehler schon gleich gar nicht mehr, sind jedoch bereit, ihn als solchen zu erkennen und zu beheben, wenn ein Automatismus (z.B. die rote Schlangenlinie in Ihrem Schreibprogramm unter der alten deutschen Rechtschreibung ...) oder freundlich gesinnte Mitmenschen uns höflich darauf aufmerksam machen. Höflich ist wichtig, denn wir befinden uns ohnehin schon im Stadium leichter Gereiztheit.

Das vierte Stadium ist erreicht, wenn wir den Fehler machen, ihn nicht bemerken und anschließend verteidigen. Da ist dann die Krone der geistigen Wertschöpfung optimal entfaltet! Es hilft leider nichts, wenn Sie sich als Führungskraft oder Partner jetzt ereifern und meinen, einer allein kann doch gar nicht so blöd sein, dass er seinen offensichtlichen Mist womöglich sophistisch oder unter rascher Zuhilfenahme kreativer Wendungen („Ich wollte bloß mal sehen, ob ...“, „Die andere Abteilung hat kürzlich damit unglaubliche Erfolge erzielt ...“) verteidigt, um Sie wieder los zu werden. Ihr Ereifern oder Schimpfen wird den Fehler-Krieger nur noch bestärken und ihm Munition liefern, um Sie in Ihre Schranken zu weisen, nach dem Motto: Sie sind auch kein Heiliger, tun Sie mal nicht so, als ob Sie nie Fehler machen würden! Der Spieß wird umgekehrt. Vollkommen zu Unrecht natürlich, denn was beweist das schon für seinen Fall? Auf jeden Fall hat der Fehler-Krieger ein dickes Problem: Stressanfälligkeit.

Durch wiederholte Ereignisse dieser Art entwickelt er präventive Maßnahmen: Er überlegt sich strategisch – vorausgesetzt, er ist dazu in der Lage –, was er antworten müsste und wie er reagieren würde, wenn ihm jemand Fehler nachweisen wollte. Er wird zum Rechthaber und es gibt kaum ein Thema, wo er nicht Bescheid weiß und Recht hat (siehe auch Typ-A-Problematik). Der Umgang mit diesen Menschen erfordert sehr viel Einfühlungsvermögen und Selbstsicherheit.

7.4 Fixierungen

Weiter geht's im Stress: Wir sind an der Stelle, wo sich innere Unsicherheit breit macht. Stress wird spätestens an dieser Stelle physisch/emotional deutlich unangenehm wahrgenommen. Es entsteht auch schon mal „Angst". Als Folge des Selbstschutzes tritt eine Fixierung auf Handlungs- und Denkweisen ein, die keinen Bewegungsspielraum erlauben, auf der anderen Seite aber eine Art Sicherheit in erster Annäherung versprechen. Aber auch nur in der ersten ...

Der Typ A beginnt sich zu etablieren. Unsere Flexibilität geht verloren, Änderungen werden als bedrohlich wahrgenommen und Änderungsbedarf wird ausgeblendet. Die nackten Glaubenssätze treten nach und nach hervor: „Ich muss ...", „Man kann nicht ...", „Man darf nicht ...", „Man soll nicht ..." und werden heftig verteidigt bei Konfrontation mit der Wirklichkeit oder dem eigenen Verhalten. Teilweise werden sie gebetsmühlenartig vor sich hergeschoben und alle müssen hören, was getan werden muss. Dabei geht es immer mehr nach dem Motto: „Und ich habe Recht – so wie ich es mache, ist es richtig!"

Im Unternehmen erkennen Sie die Ankunft an diesem Kurvenpunkt auf der Team- oder Abteilungsebene leicht daran, dass die Diskussionen in den Sitzungen und Meetings sich vermehrt um diese nackten Glaubenssätze drehen. Es werden zunehmend Phrasen und Metaphern aus der einst erfolgreichen Vergangenheit gedroschen, um sich zu positionieren, es wird mit „Erfahrung" argumentiert (dahinter versteckt sich meist die Botschaft: „Seht doch ein, dass meine Glaubenssätze ein besseres Fundament haben als die euren!"), das unternehmerische Ziel ist aus dem Fokus verschwunden. Riskieren Sie jetzt einen Blick auf die Achse der linken Seite der Grafik: Sie sind bereits bei der Hälfte des Optimums angelangt. Die Wirksamkeit des Individuums oder Wirksamkeit einer Summe von Individuen (= Team) ist gesunken – auf die Hälfte. Vielleicht kommen deshalb manche intuitiv richtig auf die Idee, dass im Unternehmen über den Daumen gepeilt noch 50 % Restrukturierungspotenzial stecken – bloß wo? Und wie ist es freizusetzen?

In Zeiten ständigen und raschen Änderungsbedarfs, den uns die Internet-Speed des Geschäftes abringt, entsteht mehr Stress, denn Änderungen verlangen von uns mehr Leistung, die wir mit Stress – oder Kaffeenachschub zu bewältigen gewohnt sind. Und da beißt sich die Katze in den Schwanz: je größer der innere Stress (siehe absteigender Kurvenschenkel), desto größer die Veränderungsresistenz.

7.5 Desorientierung

In der nächsten Phase hält die Desorientierung Einzug. Erinnern Sie sich: weder Flucht noch Angriff, starr vor Angst? Diese Starre kommt jetzt in einer zunehmend offensichtlichen oder geschickt versteckten Entscheidungsunfähigkeit zum Tragen. Ergebnis: ein für andere bereits sichtbarer Performance-Verlust – egal was Sie tun. Uns ist diese Entscheidungsunfähigkeit bereits beim Typ A begegnet. Auf der individuellen Ebene hat nun die dominante, meist linke, Gehirnhälfte das Ruder voll übernommen mit all den Erscheinungen, die den Typ A im chronisch übersteuerten Stress charakterisieren: Beschleunigung der Redeweise bis zum Verlust grammatikalischer Strukturen in der Aussage, Versuch, anderen die eigene Geschwindigkeit aufzuzwingen, Klammern an Zahlen, starres sequenzielles Denken und „Logik" als Rettungsanker, um die Argumente anderer zu killen oder in die eigene Denkweise zu pressen. Nichts lässt er mehr vor sich selbst zu, denn der Zustand der Desorientierung verträgt ja nun gar nichts Neues mehr. Erst muss mal Ordnung in das bestehende (innere) Chaos gebracht werden. Darüber aber können Sie zu diesem Zeitpunkt mit dem Typ A nicht diskutieren …

Einhergehend mit der Dominanz der linken Gehirnhälfte (beim Rechtshänder) ist die Ausblendung der rechten Seite passiert. Der Mangel, der hier deutlich wird, ist der Mangel an Visualisierungsfähigkeit: Die inneren Bilder, die nämlich die Leitbilder für unsere komplexen Handlungen sind, gehen verloren, verblassen, sind nicht mehr sichtbar, sind zu viele, sind überlagert. Man kann dann in einer stressbeladenen Teamsitzung nur hoffen, dass einer der Teilnehmer sich von den durchaus lächerlichen Selbstbefreiungsversuchen der versammelten Typ-A-Gemeinde nicht hat anstecken oder beeindrucken lassen und beherzt aufsteht, zum Flipchart geht und mit der Visualisierung und Sortierung von Bildern einfach anfängt. Er gerät natürlich unter Beschuss, denn „so einfach kann es ja gar nicht sein" – denken die anderen und sagen es sogar. Meistens ist es aber so einfach, vorausgesetzt, Sie da vorne am Flipchart haben den Mut, die ersten fünf Minuten zu überleben und einfach still und freundlich weiter zu visualisieren.

Wenn Sie sich aber selbst im Moment zum Typ A rechnen und mitten in der Desorientierung stecken, gibt es nur eine Rettung: Versuchen Sie, nach innen zu gehen, und fangen Sie an, Ihre inneren Bilder zu sortieren. Schreiben Sie auf, was Sie da sehen und was Ihnen im Kopf herumgeht. Vergleichen Sie dann, was auf Ihrer Liste steht: Passt das denn alles zusammen? Welche Glaubenssätze konfligieren hier, welche passen zusammen, welche Werte/Bilder gehören zusammen, wie gehen Sie mit dem Chaos um? Wir haben auf Seite 173 eine Struktur entwickelt, die Ihnen helfen soll, hier Ordnung zu schaffen.

7.6 Verlust der Selbstverantwortung

Das Ende der Fahnenstange sollte eigentlich erreicht sein, ist es aber nicht. Die Kurve geht noch weiter. Ein Verlust von Eigenverantwortung in einem höheren Sinne stellt sich ein. Natürlich geht man noch unter die Dusche und putzt sich die Zähne, aber die Anfälligkeit für potenziell sich selbst schädigende Handlungsweisen wird größer. Das Typ-A-Verhalten in voller Blüte tritt zutage. Ab hier gibt es auch schon mal die achselzuckende Opferhaltung („einer muss es ja sein“) und die Inkaufnahme selbstdestruktiver Impulse.

Unternehmerisches Denken und Handeln setzt Selbstverantwortung voraus. Damit ist an dieser Stelle Schluss. Die Gefahr, aus dem Prozess geschleudert zu werden, ist greifbar nahe. Im Privatbereich wird Vernachlässigung privater Interessen und Ansprüche beobachtet.

Das bedeutet, das Leben als Ansammlung ständiger Verluste zu begreifen: Man gibt gute Gewohnheiten auf (wie z.B. Kino oder Theater), die Hobbys verschwinden auf dem Dachboden, Naturerlebnisse werden auf den richtigen Zeitpunkt (= nie) verschoben, Zeit für sich selbst gönnt man sich nicht mehr. (Es wird als Verletzung des Wahns „Ich werde überall gebraucht“ empfunden und dieser Wahn ist jetzt ein Heiligtum geworden.) Äußerlichkeiten wie korrekte oder ansprechende Kleidung geraten ins volle Abseits, bis der Umwelt die Schmuddeligkeiten aufzufallen beginnen (zuerst meist am Schuhwerk, weil man glaubt, da guckt keiner so richtig hin …).

Die Nähe zu potenziell schädigenden Drogen wie Alkohol, Muntermachern, Schlafpillen, Kaffee-Exzessen, purem Sex und Härterem ist bedrohlich, die Grenze wird nun teilweise schon überschritten. „Wegen mir doch nicht!“ „Macht doch was ihr wollt!“ „Mir ist das vollkommen wurscht!“ „Ich brauch keine Liebe!“ Das sind die dazu passenden inneren Überzeugungen. Manch ein Vertreter des männlichen Geschlechts glaubt, er wird durch diese Einstellungen erst richtig zum Mann. Und manch eine Frau verleugnet – intellektuell abgesichert – ihre weiblichen Impulse und glaubt ähnlich hartnäckig, erst dadurch zur vollen Blüte ihres Geschlechtes aufzusteigen. Die feine Selbstlüge besteht darin, sich weiszumachen, dass man einem „Fortschritt“ folgt und sich weiterentwickelt hat. Richtig: Das Fortschreiten fand jedoch ausschließlich auf dem absteigenden Schenkel des Yerkes-Dodson-Gesetzes statt.

Was wirkliche Persönlichkeitsentwicklung im Kern bedeutet hätte, sehen wir im Anschluss an dieses Kapitel.

7.7 Psychosomatische Ausfälle

Es kommt aber noch schlimmer: Die erwähnten psychosomatischen Ausfälle und Erkrankungen gesellen sich zum Persönlichkeitsbild, falls Stress auf diesem hohen Niveau anhält und es keine Regenerationsphasen mehr gibt.

Wir reden von Migräne, dem Nackenverspannungskopfschmerz, der zunehmenden Speisenunverträglichkeit, dem Erschöpfungsgefühl, allgemeiner Unlust und häufiger depressiver Verstimmung (gelegentliche Weinkrämpfe nicht ausgeschlossen), Stimmungsschwankungen, Ohrensausen, Hörsturz.

Menschen, die sich auf diesem Niveau zu stabilisieren versuchen, haben sich das Leben oft in Time-Slots eingerichtet. Ihr Unterbewusstsein ist schon so programmiert, dass es an Wochenenden und in Urlauben die vorgezogenen Burnouts in kleinen Dosen gestattet. Die Folge: Wehwechen, Unpässlichkeiten, Erschöpfungssymptome, Launen, Lust zu gar nix, der Lebenspartner schleppt eine langweilige, leere Hülse mit zur Party. Und: Risikofaktoren für ernsthafte Erkrankungen beginnen sich zu etablieren: Die Blutfette steigen (Sie erinnern sich: Blutfette als Energieträger im chronischen Stress), der Blutdruck verhält sich möglicherweise bereits schwankend, Ess- und Fettsucht als Folge intuitiv falscher Stressbewältigungsversuche, Bewegungsmangel, weil wir „Ausruhen" glauben als Waffe gegen Stress einsetzen zu können, Harnsäureerhöhung, erhöhter Alkohol- und/oder Nikotingenuss mit allen seinen Nebenwirkungen. Ein volleres Programm, um uneffektiv zu werden, kann man sich eigentlich nicht vorstellen.

Der Arzt wird hier auch schon mal konsultiert. Und der hat gerade in seiner Statistik nachgelesen, dass bis zu zwei Drittel der Konsultationen in einer deutschen Allgemeinpraxis auf psychosomatische Ursachen zurückzuführen sind. Vorher sind jedoch noch viele andere „gute" Ratgeber dran: Kräuterhexen, Beschwörungsformeln, es wird eifrig gependelt, Wasseradern und Erdstrahlen werden gesucht und mit leichtem Schauer im Nackenpelz registriert, die Vorsehung wird bemüht, Übersinnliches wird plötzlich sinnlich und gefährlich, Kindheitserlebnisse werden ausgebuddelt und angeklagt.

In den 70er Jahren gab es einmal eine so genannte Ur-Schrei-Therapie, die versprach, alles in uns zu erledigen, was sich an kleinen Stresshäufchen angesammelt haben sollte. Vielleicht gar nicht so dumm oder sogar wirksam, aber für viele Berufsstände in der Grauzone zur Krankheit sicher geschäftsschädigend …

Nehmen Sie an dieser Stelle am besten den Rat eines Arztes an, der keine merkantilen Interessen verfolgen kann, weil er keine Praxis hat: Machen Sie einfach, was Ihnen gut tut und keinem anderen schadet, aber definieren Sie vorher das Budget, welches Sie dafür einstellen wollen.

7.8 Erkrankungen

Und wie zum Hohn kommt hier all der Mühe Lohn: Ausstieg durch Krankheit. Die Notbremse, die mancher offensichtlich braucht, um zu erkennen, was er vorher alles schon in den Sand gesetzt hat: gesundheitlich und – genauso schlimm – biografisch.

Zu den stressbedingten Erkrankungen gehören die folgenden, wobei Stress hier eine Teilursache ist und im Einzelfall im Vorder- oder Hintergrund steht.

- Psychosen
- Neurosen
- Persönlichkeitsstörungen

- mentale Dysfunktionen (Konzentrationsstörungen, Burnout, Müdigkeit)
- Migräne
- Hochdruckerkrankungen
- Magengeschwüre
- Depressionen und depressive Verstimmungen
- Alkoholabusus
- koronare Herzerkrankung
- Gehirndurchblutungsstörungen (Schlaganfall)

Sie führen auch die Hitliste der Arbeitsausfallstatistiken an, zumindest was den Knowledge-Worker, den mentalen Arbeiter, anbetrifft.

Der Gang zum Arzt hilft in dem Zustand natürlich nur vordergründig, denn was der Arzt in seiner Praxis in der kurzen Zeit der Zusammenarbeit mit dem Patienten erreichen kann, ist bestenfalls das Bewusstwerden der treibenden Ursache Stress, aber meist nicht die langfristige Beeinflussung des Lebensstils des Patienten. Erst einmal kommt der ja auch wegen der akuten oder chronischen Krankheitssymptome, die kuriert werden sollen. Wenn die dann verschwunden sind und der mit verursachende Stress dann angegangen werden könnte – dann kommt der Patient nicht mehr, denn was soll er jetzt noch beim Heilkundigen, aus dem Gröbsten ist er doch raus. Also entdeckt er die Hintergründe seiner wiederkehrenden Krankheitszustände nur sehr langsam, rein zufällig oder nie.

Krankheit als wiederkehrendes Schwellenphänomen der Dekompensation eines gesunden Systems zu begreifen setzt Kenntnisse über die Physiologie des menschlichen Körpers und Verhaltens gleichermaßen voraus. Aber die haben Sie jetzt in den Grundzügen durch dieses Buch bereits kennen gelernt. Es sollte also möglich sein, dass Sie selbst bestimmten Zusammenhängen auf die Spur kommen, wenn es Ihnen mal wieder schlecht geht und Sie die Ansätze des Stressmanagements anwenden. Dazu nehmen wir uns das Grundmodell erneut vor und fragen uns, wie es uns hilft, die richtigen Methoden auszusuchen.

8. Strategien zur Stressbewältigung

8.1 Steigerung der Stresstoleranz

Die Frage wäre doch durchaus interessant: Was muss ich denn tun, damit ich diesen Stress, der mein Älterwerden ab einem bestimmten Ausmaß beschleunigt und meinen Lebenserfolg untergräbt, besser aushalten kann? Einfach ein dickes Fell überziehen? Sie kennen diese Zeitgenossen, die es offensichtlich besser haben: Während wir schon wie das HB-Männchen aus der Haut fahren, sitzen die noch gemütlich in der Ecke und womöglich lachen sie auch noch! Kaum etwas kann uns noch wütender machen als Menschen, die sich provokativ zu entspannen scheinen, während wir Stress haben!

Wenn wir uns dieser Situation endlich entzogen haben – denn freiwillig halten wir so etwas nicht aus –, kommt uns auch schon mal der Gedanke: Wäre es nicht schön, meine individuelle Stressempfindlichkeit wäre genauso niedrig wie die der von uns natürlich eindeutig als indolent, schwerfällig und dumm erkannten Mitmenschen? Unsere Intelligenz würden wir dafür nicht opfern, versteht sich, aber so ein bisschen stumpf an der richtigen Stelle wäre vielleicht praktisch? Oder einfach bloß überlegen und gelassen sein in allen Lebenslagen ohne Valium im Blut.

Wir könnten auf die verwegene Idee kommen, mit unserer Reaktionskurve unter Stress herumzuspielen. Warum könnte diese Kurve nicht so aussehen:

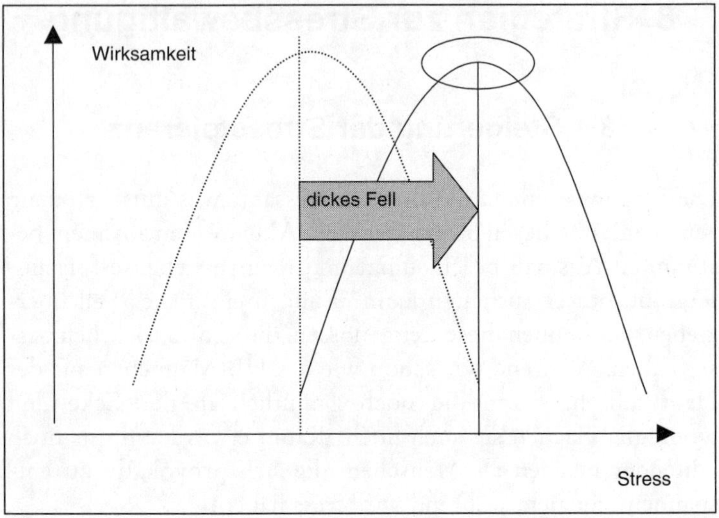

Wir arbeiten daran, unsere Mittelachse zu verschieben! Dann passiert Folgendes: Wo andere bereits ausflippen, haben Sie ein Stresslevel, bei dem Sie erst anfangen sich wohl zu fühlen, ja, da werden Sie überhaupt erst wach und geraten in Schwung. Aufregen tun Sie sich erst, wenn die anderen – in unserer Grafik die „Gestrichelten" – schon längst japsend am Boden liegen und gar nicht mehr können.

Klingt praktisch und ist es auch. Es handelt sich hierbei um das Grundprinzip der unspezifischen Erhöhung der Stressresistenz. Dabei wird unspezifisch, d.h. völlig unabhängig davon, welches die Stressoren waren und wie der Stress sich in uns aufgebaut hat, die Empfindlichkeit für körpereigene Stresshormone herabgesetzt.

Wie Sie dieses Ziel erreichen? Durch Aufbau von so genannter körperlicher Fitness. Das bedeutet, und das haben Sie in 1000 Zeitungsartikeln schon gelesen, dass Sie Joggen gehen, Schwimmen gehen, Rad fahren, Bergwandern, ins Fitnesstudio gehen etc. Alles, was Muskelsubstanz aufbaut, ist gefragt. Abgesehen von den kurzfristigen Effekten körperlicher Betätigung, nämlich dem Abbau von Stresshormonen über Kreislauf und Muskeln, besteht ein Wirkmechanismus darin, neue Muskelmasse aufzubauen. Was das bringt? Gelassenheit.

Plötzlich waren alle in der Höhle wach. Eddy stand am Eingang und schrie so laut, dass die anderen Angst bekamen. Ein großer Wolf hatte sich knurrend und fauchend am Eingang postiert. Die Bestie näherte sich langsam und schien Eddy angreifen zu wollen. Eddy war nicht gerade sehr groß und seine Körperstatur war eher schwach. Er hüpfte von einem Bein aufs andere und kreischte, denn wegzulaufen traute er sich nicht, weil er befürchtete, dass das den Jagdreflex der Bestie verstärken könnte.

Männe trat von hinten hervor und nahm seine Keule in die Hand. Er war ein Hühne und seine breiten Schultern verliehen ihm eine eindrucksvolle Silhouette. Langsam und doch schwungvoll ging er ruhig zum Höhleneingang vor, wo Eddy verzweifelt zappelte. Jetzt stand er neben ihm und die Bestie fauchte auch ihn an, eine weitere Beute witternd. Männe schnaufte aus und ohne einen Laut von sich zu geben schwang er die Keule im hohen Bogen von hinten nach oben, ließ sie im Halbkreis über seine Schulter aufsteigen und schlug sie mit aller Wucht und ohne eine Miene zu verziehen nach unten auf den Kopf der geifernden Bestie, die keine Zeit mehr hatte, dem finalen Ereignis auszuweichen. Der Schädel des Tieres zerbarst und der Wolf ging zu Boden. Eddy wurde schlecht. Etwas unwillig vor sich hin brummelnd trottete Männe wieder nach hinten, um es sich auf seinem Lager bequem zu machen …

Aha. Genau. Aber wie ist das in der Neuzeit? Muskelmasse gegen mentale Stressoren, gegen neue, nicht bestellte Herausforderungen im Job etc.? Wieso? Nun: An den Muskelzellen sitzen Rezeptoren für innere Stresshormone. Diese docken dort an und entfalten ihre Wirkung über den Zellstoffwechsel. Wozu führt körperliches Training? Zu einer Vermehrung der Muskelmasse/Muskelzellen mit entsprechend mehr Rezeptoren. Ein Hormon besetzt einen Rezeptor. Bei gleich bleibender Menge an Stresshormonen wird die Wirkung derselben insgesamt im Körper geringer ausfallen, denn die Hormonmenge wird quasi vom Schwamm der vermehrten Zellmasse absorbiert. Es bleibt weniger davon übrig, um uns noch so richtig aufregen zu können. Da müssen jetzt schon noch ein paar Hormone mehr durch entsprechend mehr Stressoren ins Spiel kommen. Vielleicht zehn Wölfe oder ein Bär – vielleicht noch drei Besprechungen und zwei Projekte obendrauf.

8.2 Durchführung

Das geht nicht von heute auf morgen. Natürlich muss Ihr Ziel nicht sein, so auszusehen wie Schwarzenegger. Ausreichend ist,

- drei Mal in der Woche
- mindestens 30 Minuten lang eine körperliche Aktivität zu unternehmen,
- die Spass macht und nicht messbare Ziele verfolgt außer den „3 x 30“.

Damit meine ich: Setzen Sie sich bitte nicht ein ehrgeiziges Programm zur kontinuierlichen Leistungssteigerung, z.B. in drei Wochen die Laufzeit zu verdoppeln und gleichzeitig die Laufstrecke zu verdreifachen. Das wäre der erste Gedanke eines Typ A, der sich vornimmt, seinen Stress durch Joggen zu reduzieren: Wie kann ich mich steigern und den Prozess optimieren durch mehr Leistung?!

Der Prozess ist dann optimiert, wenn Sie im Falle des Joggens die 3 x 30 anpeilen. Betrachten Sie es einfach als Körperhygiene – wie Zähneputzen: Bei dieser Tätigkeit werden Sie nie den Ehrgeiz haben, weniger Zahnpasta zu verbrauchen oder Ihre Zähne in einer statt in drei Minuten zu putzen.

Wenn Sie unbedingt etwas optimieren wollen, dann die Laufschuhe beim Joggen und die Rahmenbedingungen, siehe weiter unten. Ein anderes Optimierungskriterium können Sie aber getrost im Auge behalten: Wenn Sie losstarten, halten Sie sich bildhaft das ärgerlichste Ereignis des Tages vor Augen und denken Sie noch einmal nach, was da alles passiert ist. Das hilft Ihnen über die ersten Motivationsprobleme und verschafft Ihnen noch einmal einen kleinen Katecholaminschub, der Ihre Beine in Schwung bringt. Jetzt ist es Zeit, gezielt davor wegzulaufen. Ein weiterer Vorteil besteht darin, dass Sie durch Ihren physischen Bewegungszustand auch mental in Bewegung kommen. Nach einer Weile beginnen nämlich auch unsere inneren Bilder zu laufen. Und was sich vorher noch als festgemeißelte Negativerinnerung einzugraben drohte, können Sie während des Joggens von Ihrer Phantasie bearbeiten lassen und Ihr Unterbewusstsein bitten, Ihnen mal ein paar Alternativen dazu zu erfinden. Wozu? Na zu dem, was Sie in dieser Situation gemacht haben! Ja, Lernen ist durchaus körperlich und es wird auch körperlich gespeichert. Außerdem sind Sie mit sich selbst allein: Das Gehirn hat freie Bahn, denn Laufen ist ein Routinevorgang.

Die zehn Grundregeln des Joggens

- Ab dem 35. Lebensjahr vorher ärztliche Untersuchung, wenn Sie es zum ersten Mal machen.
- Belastung langsam steigern.
- Training langfristig planen.

- Für einen Trainingseffekt ist eine Herzfrequenz von 180 Schlägen minus Lebensalter notwendig.
- Optimal sind drei Lauftermine pro Woche mit einer Laufzeit von etwa 30 Minuten.
- Laufen Sie mit leerem Magen.
- Kaufen Sie sich gute Schuhe.
- Laufen Sie, wenn möglich, nicht auf hartem Untergrund.
- Motivationsprobleme? Suchen Sie sich einen Laufpartner.
- Lassen sie Ihre Gedanken während des Laufens kreisen und reflektieren Sie Ihren Tag.

Schwimmen

Es sollten dann schon 40 Runden im großen Becken sein, die Sie durchziehen, von Baden oder Warmwasserplanschen ist hier weniger die Rede.

Zum Schwimmen kommt der kreislauftrainierende Effekt des kühleren Wassers dazu. Nachteil ist der Aufwand, den man zu betreiben hat, um ins Wasser zu kommen. Wo ist das nächste Bad, wann sind dort die besten Schwimmzeiten, wie viel Zeit braucht man wirklich dafür? Bedenken Sie auf der anderen Seite, wenn Sie Geschäftsreisender sind: Wie oft haben Sie je die Möglichkeiten in den Hotels genutzt? Machen Sie es sich einfach zur Pflicht, das mitzunehmen, wofür Sie bereits bezahlt haben. Machen wir ja sonst auch ...

Ja, da gibt es ein Tier in uns, ich weiß. Wir nennen es den „inneren Schweinehund". Angeblich ist jeder von uns Tierhalter dieser Kategorie. Es hat meist keinen Sinn, ihn umzulegen, wie Männe etwa die Wolfsbestie, denn der innere Schweinehund hat die erstaunliche Gabe, sich aus nichts wieder tausendfach zu replizieren. Das einzig Sinnvolle, um ihn ruhig zu stellen – schließlich ist auch er ein Teil von uns selbst – ist, ihm eine Belohnung anzubieten, und zwar die richtige. Er mag z.B. keine Schokolade oder Pralinen, aber er mag gerne lustige Telefonate mit Freunden, eine halbe Stunde Komik im Lachkanal, verträumte Urlaubsplanung mit einer alten Landkarte, Horoskope und Mickymaus lesen oder sich eine Nackenmassage von Ihrer/m Frau/Mann geben lassen.

Wandern

Vielleicht bringt ein neuer Präsident – irgendwo in Europa – das wieder in Mode. Wandern heißt nicht weniger als sechs Stunden durch die Landschaft laufen. Es ist die sanftere Art, sich fit zu halten, und sie gestattet eine bewusste mentale Komponente: Auf stundenlangen Touren sind mit einem Partner Gespräche möglich, zu denen man sich sonst keine Zeit nimmt, ja, die einem sonst gar nicht in den Sinn kommen. Nachteil: Wir lassen uns zu viel vom Wetter beeindrucken und der Zeitaufwand gestattet es nur am Wochenende oder im Urlaub.

Wandern bedeutet: Stresshormone werden kontinuierlich abgebaut und neue Muskeln aufgebaut. Beim Wandern sind wir auf Reisen – und damit empfänglicher für Neues, sowohl draußen in der Welt als auch drinnen im Kopf. Nutzen Sie das und bearbeiten Sie gezielt das Ärgernis der Woche mit dem kleinen Ehrgeiz: schlauer nach Hause zu kommen und mit einem klaren Bild vor Augen, was im Wiederholungsfall des Ärgernisses bei Ihnen passieren wird, damit Ihre mächtige Stressreaktion nicht ins Leere arbeitet oder mal wieder völlig umsonst hochgeschossen ist.

Radfahren/Biken

Das ist schon der intensivere Fitness-Sport. Biken ist zwar trendy, aber finanziell aufwendig. Nachteile: wetterabhängig und leider unfallträchtig, wenn es ins Gelände geht. Biken ist auch mehr für die jüngere Generation, die noch keine Gelenkprobleme hat. Das Allerwichtigste ist, bevor Sie richtig loslegen: Gehen Sie auf einen leeren Platz und üben Sie vor allem das Bremsen!

Biken ist etwas stressiger. Verkehr und Ausweichreaktionen fordern einen deutlich mehr, dafür ist es körperlich herausfordernder, anstrengender und für Jüngere befriedigender als etwa das „langweilige" Wandern, Schwimmen oder Joggen.

Fitnessstudio

Ist einfach cool und macht einen Super-Body! Fitness kostet etwas, aber macht von Wetter und Zeit unabhängig. Inzwischen ist es überall zu haben.

Bei den Übungen achten Sie darauf, dass Sie mit niedrigen Belastungen anfangen und sich langsam steigern, sonst sind Gelenk und Sehnenprobleme schnell da. Um einen Trainingseffekt für Stressabbau oder unspezifische Stressresistenz zu erhalten, ist es wichtig, sich gerade nicht auf Übungen zu konzentrieren, mit denen Sie an die Grenze Ihrer Körperkraft geraten. Machen Sie vor Beginn Aufwärmübungen und nehmen Sie eine Trainerstunde – es lohnt sich! Bauen Sie vor allem die Übungsgeräte mit Dauerbelastungen in Ihr Programm mit ein (Laufband, Fahrrad, Moonwalker etc.).

Auch beim Fitnesstraining gilt: Einmal in der Woche bringt Ihnen außer einem Haken im Kalender gar nichts. Regelmäßigkeit ist der einzige Schlüssel zum Erfolg und dabei dürfen Sie die gleichen Maßstäbe wie beim Joggen anlegen: 3 x 30! Mit Pausen zwischen den Übungen kommen Sie also gut auf eine Stunde im Fitnesscenter.

Ballsport

Sie müssen es mögen und gute Partner haben, die nicht auf Tore, Körbe und Wettbewerb aus sind, sondern auf Spaß und Bewegung. Verletzungen sind leider häufig, wenn es verkrampft zugeht. Nachteil: Die Treffen finden meist nur einmal pro Woche statt. Für einen dauerhaften Anti-Stress-Effekt benötigen Sie jedoch mehr. Also einbauen, wenn es zu Ihnen passt. Abwechslung freut, wie die alten Römer sagten.

Skifahren

Ski fahren ist ein guter Ausgleichssport, wenn man die Möglichkeiten und das Geld hat. Das damit verbundene Gesamterlebnis bietet auch zahlreiche emotionale Komponenten, die stressabbauend sind: Freunde, Partner, Natur, Zusammensein.

Es könnten sich hier noch viele Ausführungen anschließen und sämtliche Sportarten oder körperliche Ausgleichstätigkeiten beleuchtet werden. Das Prinzip der Beurteilung, ob eine Sportart geeignet ist, Ihren Stress zu reduzieren und körperlichen Aufbau zu bewerkstelligen, haben Sie jedoch schon längst erkannt. Diese Beurteilung können Sie selbst vornehmen. Es soll Spaß machen, körperliche Ausdauer erfordern und Ihnen schon mal einen Muskelkater einbringen. Skatspielen nach Art von Otto Waalkes gilt hier nicht.

Stressresistenz ist ein Prinzip von mehreren. Ob Sie sich genau dieses aussuchen müssen, wissen wir nicht. Lassen Sie uns mal die anderen Möglichkeiten betrachten, denn subjektiv betrachtet könnten Sie ja Recht haben, wenn Sie zu denen gehören, die sagen: „Sport ist Mord."

8.3 Die Entspannungsreaktion

Gibt's denn nicht was auf die Schnelle, so Tricks für den Alltag? Bevor ich jetzt zum Joggen komme, kommt mir der Stress schon zu den Ohren raus!

Natürlich, die gibt's auch. Diese Tricks machen dann Folgendes: Sie helfen Ihnen bei der Auslösung einer Entspannungsreaktion, um auf der Kurve gleichsam zurückzuwandern: aus dem Bereich des Negativ-Stresses bis zu Ihrem Optimum zurück – oder weiter darüber hinaus in den Tiefschlaf. Das sieht dann so aus:

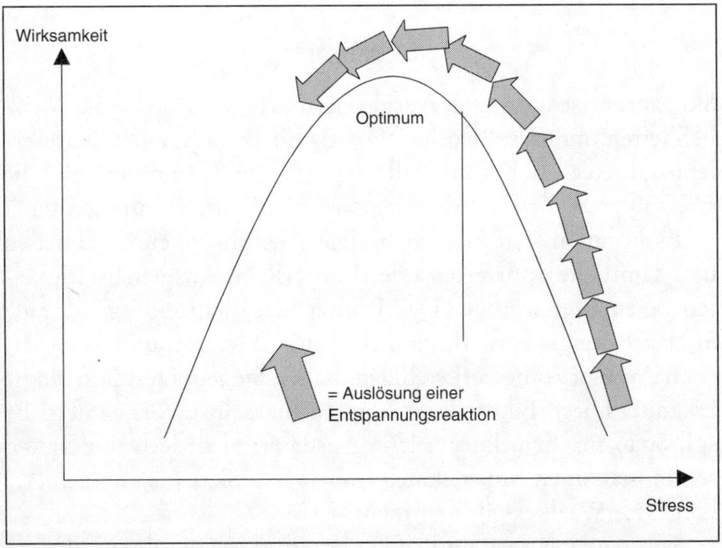

Anstatt wie im vorangehenden Ansatz die Stressresistenz unspezifisch zu erhöhen – so lange, bis man einfach alles besser aushält –, wandern Sie also in diesem Modell durch Auslösung einer Entspannungsreaktion wieder zurück. Nach dem Motto: Zurück zur vollen Kraft! Denn die ist im optimalen Erregungsbereich durch Stresshormone zu finden – etwas weniger ist hier mehr. Dabei spielt es keine Rolle, wo Sie sich gerade auf dem absteigenden Schenkel der Kurve befinden, d.h., wo Sie mit der Entspannungsarbeit mit welcher der nun folgenden Methoden beginnen, ist eigentlich gleich. Sie müssen bloß wissen, dass eine Methode Sie im Einzelfall nicht direkt zum Optimum zurückbringt: im einen Fall vielleicht nur eine kleine Teilstrecke weit, im anderen Fall vielleicht genau bis zum Optimum und im dritten Fall vielleicht darüber hinaus – bis in den entspannenden Tiefschlaf …

Das bedeutet, dass Sie ausprobieren müssen, was für Sie in welcher Situation am besten passt. Vorher sollten wir wissen, was diese Entspannungsreaktion mit uns anstellt, wie sie funktioniert.

Die Entspannungsreaktion ist quasi das Gegenstück zur Stressreaktion, sie ist der Abschalter, der Herunterdrossler. Zuerst sollten wir eines noch wissen: wie der Tagesgang unserer Stressbarkeit/Erregbarkeit vorgebahnt ist, damit wir ein Gefühl dafür bekommen, zu welchem Zeitpunkt wir welche Maßnahme mit welcher Wirkungstiefe einsetzen können, und damit wir wissen, was wir intuitiv falsch machen können.

So geht's in uns auf und ab:

Der Biorhythmus

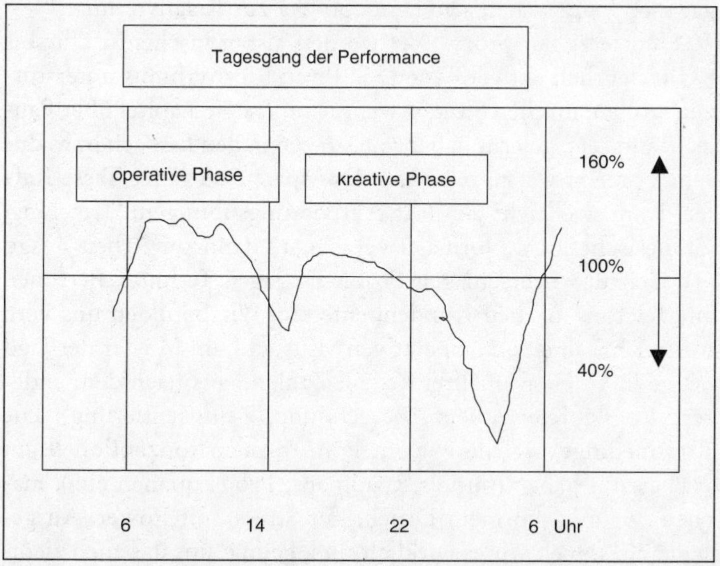

Ja, was heißt jetzt das? Fangen wir einmal um 6 Uhr morgens an ... Da höre ich schon den ersten Protest: „Kann ja gar nicht sein! Ich bin kein Morgentyp, vor 10 Uhr brauchen Sie mich gar nicht ansprechen ...“

Also, vorab Punkt eins: Die oben stehende Kurve wurde an ein paar 1000 Personen ermittelt und es handelt sich um einen statistischen Durchschnitt. Punkt zwei: Die Kurve ist individuell auf der Zeitachse verschiebbar. Das kennen Sie von den Interkontinentalflügen: Wenn man die äußere Uhr – in unserem Fall die x-Achse der Grafik – einfach verschiebt, dann ist man mit dem Durchschnitt nicht mehr synchron. Den Durchschnitt trifft man auch nur mit der durchschnittlichen Wahrscheinlichkeit an. Im Einzelfall sollten Sie nach sichtbaren Kriterien suchen, um herauszufinden, ob Ihr Mitarbeiter, wenn er um 13 Uhr in seiner Aufmerksamkeit nachlässt, sich bereits im Mittagstief befindet, von einer Australienreise gestern heimgekehrt ist oder zu den extremen Nachmittagstypen gehört und noch gar nicht aufgewacht sein kann. So viel zur Relativierung.

Und jetzt zur Story. Wir werden also zwischen 6 Uhr bis 8 Uhr deutlich aktiver. Wenn Sie Ihren Biorhythmus unterstützen wollen, machen Sie das, was Sie im ersten Kapitel über Paule, Männe etc. gelernt haben: Sie steigen in den Eisbach bzw. duschen (zuerst warm, o.k.) kalt. Das spart eine ganze Tasse Kaffee. Dann vielleicht ein paar Aktivierungsübungen: Stretching, Chinesisches o.Ä. Normalerweise geht's dann zur Arbeit = Jagd (?). Genau: wir erschlagen Probleme, jagen Termine, Personen am Telefon, machen Kundenbeute etc. Wir befinden uns vom Muster her in einem „operativen“ Zustand, im Muster der Jagd (siehe linke Gehirnhälfte: Reden, Zahlen, eins nach dem anderen, Logik, Konsequenz, Berechnung, Zeitorientierung). Die Routinedinge, welche wir gut können oder konzeptionell gut vorbereitet haben (mittels Roadmaps, Projektplänen etc.), machen wir mit enormem Druck, mit Stress, mit Power. Ausgeschlafen, soweit wir es wirklich sind, gelingt uns das auch ziemlich gut. Was uns zu diesem Zeitpunkt vielleicht weniger gut gelingt: neue Konzepte entwerfen, flexibel reagieren, kreativ im entwicklerischen Sinne sein.

Wir sind in diesem Zeitabschnitt unter stärkerem Dampf als später. Selten habe ich einen Mitarbeiter sagen hören: „Kaum dass ich vom Mittagessen zurückkam, habe ich mich schon wieder aufregen müssen.“ Die meisten sagen: „Kaum, dass ich in der Früh ins Büro kam, habe ich mich schon wieder ...“ Die Stressreaktion hat eine vorgebahnte Schwellensenkung.

High Noon. Zeit zum Mittagessen – vormals im Schatten einer Pinie. Vorher erfolgt die kritische Speisenauswahl: Was ist gesund, was verdaulich, was soll man nehmen, ist das gut? Da nicht selbst gefangen oder erlegt wurde, was in der Cafeteria auf dem Herd bruzzelt, gibt sich der Koch alle erdenkliche Mühe, die ritualbedingt aufkommenden Instinktzweifel an der Qualität der Nahrung durch optisches Aufmotzen, imagetreibende Namensfindung (wir glauben an diesem Zeitpunkt ja noch stark ans Schriftliche, wie z.B. die Qualität einer Komposition aus Gärtnerinnenblattsalaten mit feinem kapverdischem Sesamöl und piemontesischem Balsamicodressing, verzaubert mit niederelbischer Brunnenkresse in Wasserschlossqualität und reinem arabischen Meersalz ...) und Geruchsverstärker zu kompensieren, damit dass, was auf den Tisch kommt, auch ohne Maulen gegessen wird. Die Versicherung, streng nach dem deutschen Lebensmittelgesetz gearbeitet zu haben, regt ja nur die Phantasie des Verbrauchers an, wie es denn der Hersteller, der Einkäufer oder der Zubereiter geschickt umgangen haben mag ... Hätten wir es selbst gefangen, was uns den geschmorten Hinterlauf mit Knödel entgegenstreckt, würden wir es nämlich bedenkenlos ohne Lebensmittelgesetz und Fleischbeschau vertilgen.

Und danach kommt das kleine tägliche Nickerchen, das Ärgernis für jeden Teamleiter, der heute die Mammutsitzung anberaumt hat: „Von 8 Uhr bis 18 Uhr powern wir durch.“ Prophylaktische Maßnahme: Mittags gibt's nur Brötchen auf dem Besprechungstisch und viel doppelten Espresso. Bravo, geschafft: Die blöde Bio-Eigenrhythmuskurve ist wertschöpfend und zeitnutzend ausgetrickst. Oder doch nicht?

Nein, natürlich nicht, es kommt jetzt schlimmer: Die Qualität der Zusammenarbeit lässt nach, alle reden wild durcheinander, klare Gedankenlinien zerstieben, Komplexität im Denken kann zunehmend nicht mehr geleistet werden, eine Art überdrehte Insuffizienz breitet sich aus. Die Ergebnisse des Nachmittages können sie dann wegschmeißen. Im Regelfall wird das Ergebnis jedoch gesichert, auf Folien dokumentiert und fotokopiert – auch gegen so manche emotionale Bedenken. Verworfen wird es mit Sicherheit: eine Woche später, wenn uns plötzlich auffällt, dass es so nicht geht, was wir da beschlossen haben. Vielleicht doch alles ganz anders machen … und das Scheißspiel geht von neuem los. Trotzdem nennen wir das dann zeitorientiertes und damit effektives Arbeiten. Kompletter Blödsinn (einer muss es ja mal sagen).

Unsere Tageskurve verläuft ohne das Nachgeben auf den durch die innere Uhr vorgegebenen Pausenimpuls zur Mittagszeit möglicherweise so (gestrichelte Linie):

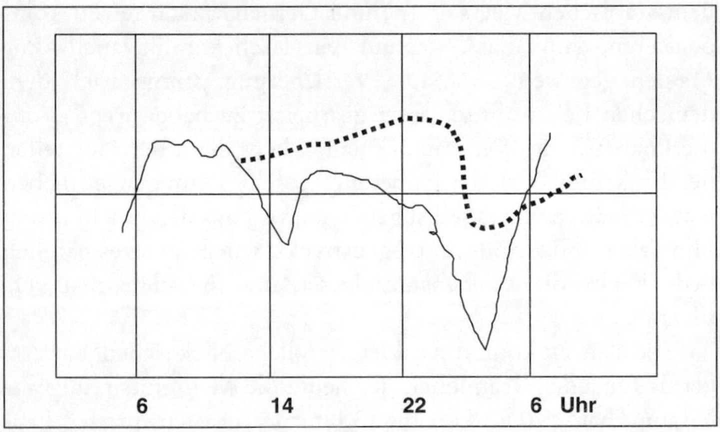

Als Erstes machen wir die kreative Phase platt. Es geht weiter im Rede- und Zahlenrausch. Durchblicken tut kaum noch einer. O.K., wahrscheinlich sind wir müde, ist ja auch anstrengend. Der Teamleiter ordnet eine Kaffeepause an, was unseren Katecholaminspiegel so weit hoch treibt, bis die ersten Teilnehmer schwitzige Handflächen und Toilettendrang bekommen. Gegen 18 Uhr haben wir stolz (manche sagen, mit Stolz ist gelegentlich ein dramatischer Verlust an Intelligenz zu beklagen) das Zeitziel erreicht und die letzte Folie gespeichert. Uff! Nach Hause, ab ins Auto, wenn es gelungen ist, sich dem nie nachlassenden Redebedürfnis des Teamleiters auf dem Parkplatz zu entwinden. Dann kriechen wir im Stau heimwärts und jetzt kommt er auch schon: der unvermeidliche Anruf auf Handy vom momentanen Lebensabschnittspartner, der uns daran erinnert, auf dem Heimweg die Großpackung Feuchtigkeitstücher vom Supermarkt XY im Sonderangebot mitzunehmen. Gut, machen wir, denn wir erhoffen uns Liebe und Zuneigung durch diese Tat. Gebrauchen könnten wir jetzt wirklich entspannende Nähe. Supermarkt angekommen, Parkplatz ganz am Rand gekriegt, Stapel mit Sonderangebot weg, Alternative gekauft, heimgekommen, „Geschenk/Beute" überbracht. „Das ist doch das Falsche!!!" Nix war's mit Liebe. Zum Lehnsessel geschleppt, Sohnemann kommt und beichtet die 5 in Mathematik („Kein Wunder, ist ja dein Sohn ...") und die 14-jährige Tochter will mehr Taschengeld, weil morgen Disco-Night ist ...

Reicht das zum Überlaufen? Wahrscheinlich. Die Reaktion bekommt Ihre Umwelt ab, die Mutter rettet die Kinder und die Kinder denken: Aha, das ist Erziehung, wenn Papa rumbrüllt. Die frei fließende Ärgerbereitschaft hat ihr Ventil aufgemacht und ergießt sich als Sturzbach von Katecholaminen über den Rest Ihrer geplagten Nervenzellen. Flüchtig kommt Ihnen noch aus einer entfernten Vergangenheit das Wort „Lebensqualität" in den Sinn, bevor Sie zu härterem Greifen, neben Goethe im Schrank versteckt.

Lektion:

1. Wenn Sie Kinder haben, bringen Sie Ihnen bei, dass Sonntagnachmittag gegen 2 Uhr der einzig richtige Zeitpunkt ist, Papa/Mama schlechte Nachrichten zu überbringen, und
2. begreifen Sie, dass Stressmanagement durch aktives Auslösen von Entspannungsreaktionen notwendig ist, bevor Sie die 18-Uhr-Marke überschreiten und privaten sozialen Kontakt suchen.

Es gibt da Menschen, die tun das sogar intuitiv – intuitiv falsch. Z.B. unser Dickerchen. Unser Dickerchen ist schlau und es hat auch ein schlaues Weib. Die Synergien dieser Schläue sind fatal. Dickerchen hat nämlich Folgendes gelernt: Essen macht müde und entspannt. So gegen 14 Uhr merken wir das ja. Da Dickerchen dick ist, tut er was gegen sein Gewicht. Er isst demzufolge mittags schon gar nichts mehr, nur einen Apfel, oder er trinkt einen Espresso. Er hat aber auch den figurvernichtenden Glaubenssatz abgespeichert: „Wer hart arbeitet, soll auch gut essen." Irgendwie hat er diesen über die Generationen von seinem Ur-Urgroßvater, der gegen 1850 noch im Untertagebau beschäftigt war, ins 21. Jahrhundert gerettet. Diese mentale Treue und Tradition könnte ihn das Leben kosten, aber, das weiß er natürlich nicht. Ergänzend pflegt er einen zweiten Glaubenssatz: „Man gönnt sich ja sonst nichts." Gepaart ergeben sie das Menu infernal. Um auf den Punkt zu kommen, wollen wir uns doch mal ausgiebig ums Abendessen kümmern.

Da wäre als Vorspeise für heute gegen 20 Uhr Lachslasagne in Käsesahnesauce mit Buttercroutons on the side angesagt. Danach laben wir uns an Schweinepiccata mit bayerischem Knödel, Trüffelrahmsauce und Basmatireis alternativ (oder dazu?). Broccoli zur Zierde – wegen der Vitamine und so. Dazu gibt's einen 1987er Barolo, teures Stück, aber man gönnt sich ja … Abgerundet im dramatischen Sinne und nachfolgend sichtbarem Hüftschwung wird die infernale Kochkunst mit Schokoladenmousse (die Zutaten: 6 Eier, Tafelschokolade, Mascarpone, Schlagsahne, Kaffeepulver, Cognac). Das dürfte ausreichen, um das Blut in Ihren Adern zu einer mit Fetten angereicherten und etwas zäher fließenden Masse zu verarbeiten.

Anschließend geht's zum Fernseher. Da es im Actionfilm des Tages spannend wird, reicht man Knabberzeug und Pilsener. Nüsse sollen ja gut sein gegen Stress (und haben Cholesterin ohne Ende!). Jedes Gramm Alkohol wird nun zu Fett vernudelt, der Körper kann nur noch auf Speicherung gehen! Der Actionfilm hat uns in Spannung = Stress versetzt und bald haben wir den Höhepunkt gegen 24 Uhr erreicht, um dann doch endlich das Bett aufzusuchen. Manch einer findet aber erst dann den wohlverdienten Ohnmachtschlaf, wenn er den Kühlschrank gegen 1 Uhr nachts von der letzten Götterspeise befreit hat …

Der Nachtschlaf ist möglicherweise unruhig – die Stresshormonkonzentration ist zu hoch und/oder der Antagonist der Stresshormone, das Melatonin, durch extensives Essen verbraucht, Alpträume und schwarze Gedanken treiben uns um und morgens wachen wir „zerschlagen" auf. Vielleicht sogar erst richtig um 9 Uhr nach der zweiten Tasse brasilianischen Bohnenkaffees.

Sehen Sie: Das sind die Grundfesten unserer Kultur, an denen gerüttelt werden muss, damit wir zu unserer vollen Performance gelangen. Quasi ein kultur-evolutionäres Ziel für den deutschen Wirtschaftminister.

Nach diesem etwas längerem Ausflug in das Auf und Ab unseres Gemüts, getriggert durch Stresshormone, sollten wir diese ominöse Entspannungsreaktion gezielter angehen, als es mit den Verstrickungen über Ernährungsmodelle möglich ist. Sicher warten Sie bereits mit Spannung auf die Ernährungsempfehlungen, die man Ihnen zum Thema Stress hier reichen wird.

Die Ernährung

Meine Güte, was schon alles über Ernährung und Stress geschrieben und philosophiert wurde! Wir wollen Sie beruhigen: Das haben wir nicht vor. Dazu quellen die Regale über. Aber wir wollen Ihre Kompetenz erhöhen, richtig zu entscheiden. Was Sie dafür wissen sollten ist:

1. Nach Prof. v. Pudel können Sie die täglich erwünschten Nahrungsbestandteile an fünf Fingern abzählen:
   - Vollkornprodukte
   - Milchprodukte (Joghurt, Quark etc.)
   - Gemüse (Kartoffeln sind auch Gemüse)
   - Obst
   - Salat

Sie merken schon, es kommen nicht vor: Nudeln, Braten, Kuchen, Mayonnaise, Pizza, Milchbrötchen mit Hacksteak, Fritten und Pralinen. Womit wir nicht gesagt haben, dass die anderen Bestandteile verboten sind. Sie sollten aber darauf achten, dass die fünf Bestandteile in irgendeiner Form täglich auf dem Speisezettel stehen. Manch einer behauptet, davon könne man auch satt werden. Empfehlungen für Fleisch und Fisch sind heutzutage ein riskantes Unternehmen wegen der oftmals auftretenden bewussten oder unwissentlichen Kontaminationen, so dass wir uns hier enthalten. Vegetarier sind wir jedenfalls nicht.

2. Opulente Mahlzeiten rauben aus unserem Körper den hormonellen Gegenspieler der Stresshormone: das Melatonin. Diese Situation trägt nicht zur Entlastung unseres Stresshormonpegels bei, also seien Sie sparsam mit der Menge.
3. Setzen Sie getrost auf sog. „Light"-Produkte (reduzierter Fett- und Zuckergehalt), wenn Ihnen danach ist. Um sich gesund zu ernähren, brauchen Sie nicht solche Fett- und Zuckermengen, wie Gewohnheiten es nahe legen. Auch in

der Nahrungsmittelindustrie herrscht Wettbewerb und manch ein Paradigma wird dort trickreich verteidigt, bevor es dann doch irgendwann einen historischen Tod erleidet, weil der Kunde sich entschieden hat.

4. Versuchen Sie, dreimal am Tag zu etwa regelmäßigen Zeiten (+/– 1 h) zu essen. Versuchen Sie, reichhaltige Abendmahlzeiten zu vermeiden. Von mir aus essen Sie im Bett, aber trennen Sie Arbeits- und Essplatz ...
5. Essen Sie langsam und mit Genuss – nur Kampfflieger werden in der Luft aufgetankt.
6. Essen Sie mindestens zu zweit. Alleine sind Sie immer in der Gefahr, dass Sie in die Essenfalle der Kompensation für nicht erhaltene Gefühle laufen. Es wird nicht besser, wenn Sie sich anderntags durch die Verweigerung des Frühstücks dafür wieder bestrafen und einem doppelten Espresso Ihren Ressourcenaufbau überantworten.
7. Trinken Sie ausreichend. Ausreichend als Minimum sind eineinhalb bis zwei Liter Flüssigkeit am Tag als Getränk genossen. Und ausreichend als Maximum sind auch ein Liter Bier oder zwei Gläser Rotwein ...Von Ausnahmen abgesehen.
8. Achten Sie auf vitaminreiche Ernährung. Mit den fünf Fingern (s.o.) haben Sie fast schon alles abgedeckt.
9. Vermeiden Sie Zubereitungsarten, die die Belastung des Körpers mit freien Radikalen erhöhen, z.B. in heißem Fett herausgebacken, auf offenem Feuer gegrillt. (Das ist eine Dioxinladung pur. Dioxin entsteht bei der Verbrennung organischer Substanzen. Auf der einen Seite gibt es Richtlinien zur Entsorgung nach Bränden, damit keiner vergiftet wird, auf der anderen Seite gehen wir her und essen es!) Melatonin wird verbraucht und steht als innerer Gegenspieler des Stresses weniger zur Verfügung.
10. Vergeuden Sie nicht Ihre Zeit mit dem Ausprobieren von 1000 Diäten. Es gibt nur ein paar wenige, medizinisch indi-

zierte Diäten bei bestimmten Krankheiten. Alles andere sollten Ihre Geschmacksorgane und Ihr Verstand entscheiden können.

8.4 Was Sie sich alles zu Nutze machen können

Thought Stopping

Eine mentale Methode, in den Stresskreislauf einzugreifen, wenn negative Gedankenketten Sie plagen. Es ist eine Art Checkliste, mit welchen positiven inneren Stimmen und Überzeugungen, mit welchen Gedanken Sie dem Stress den Boden entziehen können. Das Beste ist, Sie machen sich eine eigene Liste von Gedanken und Sprüchen, die Ihnen Mut machen, und versuchen, diese bewusst innerlich zu formulieren, wenn Sie sie brauchen.

Hier ein ausgearbeiteter Vorschlag, in welcher Richtung Sie suchen sollten:

- Vor der stresserzeugenden Situation:
  - Da gibt's nichts, worüber ich mich aufregen muss.
  - Es wird mir gut gehen.
  - Ich hatte damit früher schon einmal Erfolg.
  - Was muss ich denn da genau machen?
  - Ich weiß, dass ich jede der Aufgaben beherrsche.
  - Es ist leichter, wenn ich erst einmal angefangen habe.
  - Ich spring einfach ins kalte Wasser, dann geht's schon.
  - Morgen habe ich es hinter mir.
  - Ab jetzt lass ich nur noch positive Gedanken zu.
- In der stresserzeugenden Situation:
  - Ich behalte den Überblick.
  - Schritt für Schritt, keine Hektik!
  - Ich kann es, ich kann es jetzt!

- Ich kann nur mein Bestes tun.
- Ich bekomme Hilfe, wenn ich sie brauche.
- Wenn ich nicht über Angst nachdenke, habe ich auch keine.
- Wenn ich unter Anspannung gerate, atme ich tief aus und entspanne.

• Mit der Angst fertig werden:
- Entspannen, jetzt!
- Einfach tief ausatmen.
- Es wird irgendwann vorbei sein.
- Ich kann das alles in den Grenzen halten, die ich beherrsche.
- Ich kann immer XY anrufen.
- Ich habe dieses und Schlimmeres schon überlebt.
- Wenn ich der Handelnde bin, wird das meine Angst verringern.

• Den Erfolg bekräftigen:
- Ich habs geschafft!
- Ich habe es richtig gemacht, ich habe es gut gemacht.
- Nächstes Mal kann ich schon viel ruhiger sein.
- Ich bin in der Lage, meine Angst weg zu entspannen.
- Ich muss XY darüber berichten.
- Alles, was ich tun muss, ist an meine Stärken zu denken.

Es mag Ihnen etwas gebetsmühlenartig vorkommen, was Sie da treiben, das macht aber nichts, Sie werden sich schon an Ihre Stärken gewöhnen. Wichtig ist, dass Sie mit der Wahl oder Auswahl der von ihnen gepflegten Formeln im Grunde Ihres Herzens einverstanden sind. Das da oben sind bloß Vorschläge; eine Formel in jeder Situation reicht eigentlich, wenn sie die eben genannten Qualitätskriterien erfüllt. Um diese Formel zu finden, brauchen Sie eine wirklich ruhige halbe Stunde, leise Musik und ungestörtes Alleinsein ohne Anschlusstermin. Dann fallen Ihnen auch die richtigen Wendungen ein. Schreiben Sie jeden

Tag eine Wendung in Ihren Kalender. Beim Durchblättern stören Sie irgendwann die Wiederholungen und Sie beginnen en passant, neue positive Grundüberzeugungen zu entdecken, die Sie als das Anti-Stress-Motto des Tages beflügeln werden. Diese Methode ist mindestens so gut wie ein positives Horoskop …

Thought Stopping eignet sich in jeder Lebenslage, um akute Stressspitzen abzufedern. Übung macht natürlich den Meister, denn Ihre Entspannungsreaktion lernt mit der Zeit, worauf sie hören soll, und kaum haben Sie wieder angefangen, einen positiven Spruch hervorzukramen, weiß sie schon Bescheid und beginnt ihre Arbeit: den Stress herunterzukurbeln. Also verfallen Sie nicht dem Irrglauben, dass ein paar Mal „aufsagen“ Sie vor dem Ausflippen rettet! Bitte seien Sie etwas fleißiger!

Atemtechnik

Dies ist eine der wichtigsten und am schnellsten wirkenden Techniken. Der Entspannungsreflex des Körpers ist an die Ausatemphase gekoppelt. Jedes Mal, wenn Sie ausatmen, verlangsamen sich Ihre Herzschlagfrequenz und Ihr Blutdruck ein wenig. Durch ein Vertiefen und Verlängern dieser Ausatemphase verlängert bzw. vertieft sich automatisch Ihre Herzschlagfrequenz und Ihr mittlerer Blutdruck. Beides sind schließlich Indikatoren des jeweiligen Erregungsniveaus.

Um es auch richtig zu machen, sollten Sie darauf achten beim Einatmen die Bauchatmung zu betonen. Das bedeutet, dass sich der Bauch beim Einatmen nach vorne/oben, falls Sie dabei liegen sollten, wölbt. Bei der Ausatmung lassen Sie die Luft wie „von alleine“ rausströmen, bis die Lungen „leer“ sind. Vermeiden Sie, die Luft aktiv herauszupressen. Machen Sie eine Pause vor der nächsten Einatmung und atmen Sie dann ein, wenn der Körper wieder Luft holen muss. Wenn Sie dann spontan Gähnen müssen, sind Sie mitten im Entspannungsreflex. Besonders wirksam ist die Atemtechnik, wenn Sie ihren Körper mitbenutzen, um die Entspannungsreaktion zu triggern. Wie Sie das machen, erfahren Sie mit unserem „Konzentrativen Entspannungstraining".

Die Atemtechnik kann situativ ebenfalls in jeder Lage eingesetzt werden und wirkt sehr rasch auf unser Erregungsniveau. Verdeckt eingesetzt können Sie in jeder Besprechung sich selbst steuern. Atemtechnik ist das wichtigste Instrument des Schauspielers bei Lampenfieber.

Konzentratives Entspannungstraining

Ziel des Trainings ist, einen körperlichen und geistigen Zustand der bewussten und kontrollierten Entspannung herbeizuführen. Zu diesem Zweck wird versucht, die körpereigene automatische Entspannungsphase auf alle bewusst erreichbaren Muskelgruppen auszudehnen. Während der Ausatemphase gerät der Körper – für uns bewusst nicht wahrnehmbar – in einen leichten automatischen Entspannungszustand, der während der Einatemphase wieder aufgehoben wird. Dies macht sich das folgende Training zu Nutze.

Als Erstes wird versucht, die Ausatemphase passiv zu verlängern. Dann werden während der Einatemphase aktive Muskelanspannungen in bestimmten Muskelgruppen durchgeführt, die während der verlängerten Ausatem-/Entspannungsphase gelöst werden. Dadurch vertieft sich als Ergebnis der Entspannungszustand vorerst regional nur in einem bestimmten Körperteil.

Durch Einbeziehen aller wichtigen, leicht bewusst zu erreichenden Muskelgruppen des Körpers wird nach und nach ein tiefer generalisierter Entspannungszustand erreicht.

Wichtig ist dabei vor allem, dass möglichst nur Minimalbewegungen bei den Anspannungen vorgenommen werden, da stärkere Muskelbewegungen mit Kraftaufwand und Sehnendehnung leicht zu einer Wachreaktion und Umkehrung des Entspannungsvorgangs führen. Der über bewusst steuerbare Minimalbewegungen erreichbare und über die Atempause vertiefte Entspannungszustand wirkt sich auch auf die unbewussten und nur indirekt kontrollierbaren Körperreaktionen aus.

In weiteren Sitzungen und mit mehr Übung ergibt sich der Lerneffekt, dass durch isolierte Aktivierung von regionalen Muskelgruppen mit Kopplung an die Ausatemphase eine generalisierte Entspannungsreaktion ermöglicht.

Darüber hinaus eröffnet das Training die Möglichkeit, schwieriger zu kontrollierende Muskelgruppen wie die der Wirbelsäule, insbesondere der Halswirbelsäule, mit dem Entspannungsreflex zu erreichen und langfristig das Training vorbeugend bzw. therapeutisch bei Beschwerdebildern der Wirbelsäule einzusetzen.

Für einen guten Erfolg empfiehlt es sich, dabei auf folgende Dinge zu achten:

- Üben Sie am Anfang ein Mal pro Woche und mindestens 30 Minuten lang.
- Suchen Sie sich einen ruhigen Raum, wo Sie für die Dauer des Trainings ungestört sein können.
- Legen Sie den Zeitpunkt der Übung nicht unmittelbar nach einer Mahlzeit (30 Minuten Zwischenraum).
- Ihre beste Unterlage ist der Teppichboden und darauf eine Übungsmatte. Nicht Matratze (zu weich) oder Holzboden (zu hart).
- Dunkeln Sie die Beleuchtung leicht ab.

Die 10 Grundübungen

Beginnen Sie damit, dass Sie sich bequem und flach auf den Boden legen. Ziehen Sie die Schuhe aus, öffnen Sie den Hosenbund – alles muss bequem sein – und schließen Sie die Augen.

1. Achten Sie nun als Erstes auf die Atmung, die Sie fast automatisch in die Entspannungsphase bringt. Einatmung durch

die Nase und passives Ausströmen der Luft durch den leicht geöffneten Mund. Der Luftstrom erzeugt ein FFFFFFF … und die entspannende Ausatemphase wird verlängert. Warten Sie nach der Ausatmung ab, bis das Bedürfnis nach Luft die tiefe Einatmung erneut auslöst. Die einströmende Luft führt zur Hebung der Bauchdecke, was Sie durch Auflegen der Hände auf den Bauch kontrollieren und vertiefen können.
Zur Einstimmung einige Male in dieser Form atmen.

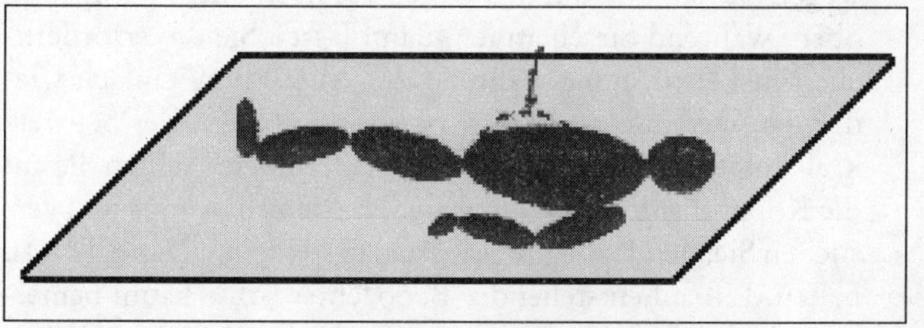

Fig. 1: Ein- und Ausatmung

2. Legen Sie die Arme parallel zum Körper ab und konzentrieren Sie sich mit geschlossenen Augen auf ihre Fersen. Erspüren Sie von unten nach oben, welche Körperpartien wie schwer auf dem Boden liegen. Von den Fersen denken Sie sich zu Wade, Oberschenkel, Gesäß, Rücken, zu Schultergürtel und Hinterkopf, und zuletzt von den Armen wieder abwärts: Ellenbogen, Handgelenk, Finger.
   Versuchen Sie aber nicht, die nicht aufliegenden Körperpartien aktiv nach unten zu drücken, sondern registrieren Sie lediglich, welche Teile Bodenkontakt haben. Dabei die Atemtechnik, wie unter Punkt 1 beschrieben, beibehalten.

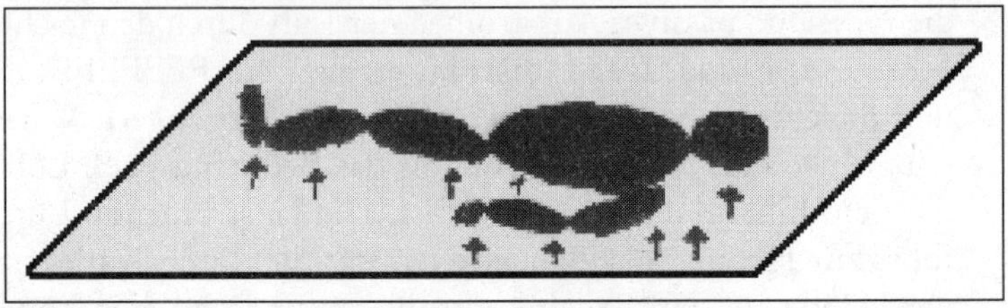

Fig 2: Die Auflage checken

3. Konzentrieren Sie sich nun auf das rechte Fußgelenk und bewegen Sie den Fuß mit den Zehen voran ein klein wenig nach oben, während Sie einatmen, dann lassen Sie die erforderliche Muskelspannung während der Ausatmung einfach wieder los. Der Fuß sucht sich passiv seine Lage, der Schwerkraft folgend. Drei- bis fünfmal wiederholen. Achten Sie auf die Kopplung der Bewegung an den Atemrhythmus und versuchen Sie, den Bewegungsausschlag so klein wie möglich zu halten. Ein außen stehender Beobachter sollte kaum bemerken, dass sich der Fuß bewegt. Wechsel zum linken Fußgelenk – gleiche Übung.

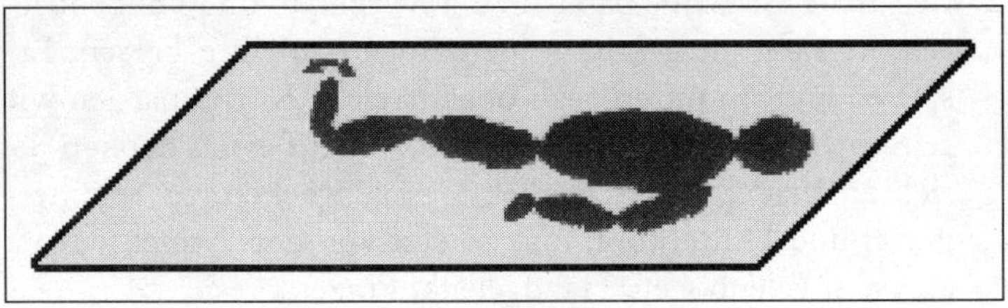

Fig. 3: Das Fußgelenk

4. Die nächste Übung beruht auf dem gleichen Prinzip, nun jedoch eine Etage höher, am Kniegelenk: Heben Sie das rechte Knie wenige Millimeter von der Unterlage ab während der Einatmung und lassen Sie während der Ausatmung einfach

los. Die Ausatemphase wird jetzt so lange dauern wie die Abwärtsbewegung. Warten Sie auf das Einatembedürfnis und heben Sie das Knie dann erneut ein wenig hoch.
Drei- bis fünfmal wiederholen. Wechsel auf das linke Knie – gleiche Übung.

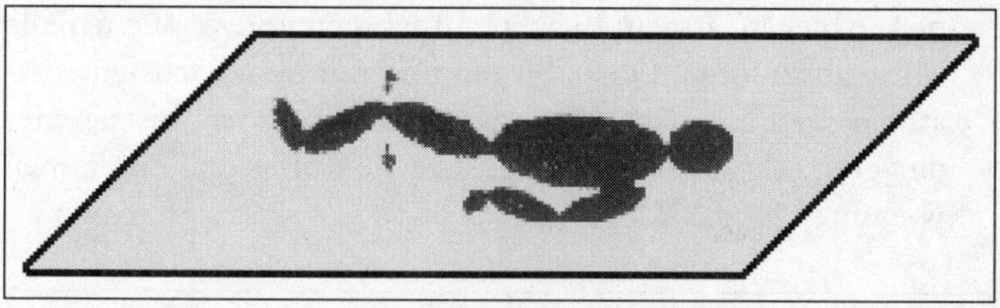

Fig. 4: Das Knie

5. Nächste Etage: Becken. Den rechten Beckenknochen ein wenig nach oben ziehen und wieder sinken lassen. Atemablauf und Kopplung mit der Bewegung wie bei den anderen Übungen. Mehrmals wiederholen. Dann Wechsel zur linken Seite mit gleicher Übung.

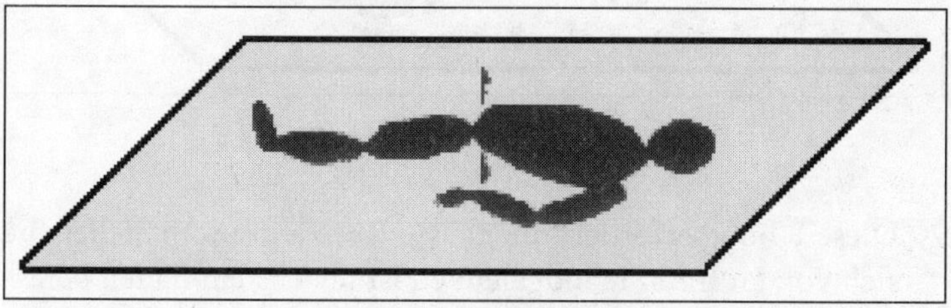

Fig. 5: Die Hüften

6. Stellen Sie jetzt die Füße auf den Boden und heben Sie das Becken von unten abrollend langsam ein wenig hoch, sodass es vom Boden freikommt. Führen Sie es langsam ein bisschen nach rechts und legen Sie es dort wieder ab. Dabei lassen Sie das Becken von oben abrollen, bis es da liegt, wo

nachlassende Muskelspannung und Schwerkraft es haben wollen. Mit dem Ablegen atmen Sie aus. Während des langsamen Aufnehmens und der langsamen Seitwärtsbewegung werden Sie vielleicht zwei- bis dreimal ein- und ausatmen müssen. Ruhig atmen. Becken wie oben wieder aufheben und langsam über die Mittellinie hinaus nach links schieben. Ablegen, atmen. Becken aufnehmen und versuchen, die Mitte auszuloten. Dort ablegen und mit dem nächsten Ausatmen die Füße nach vorne wegrutschen lassen, bis sie wieder gestreckt auf dem Boden liegen. Ruhig und tief atmen wie unter 1.

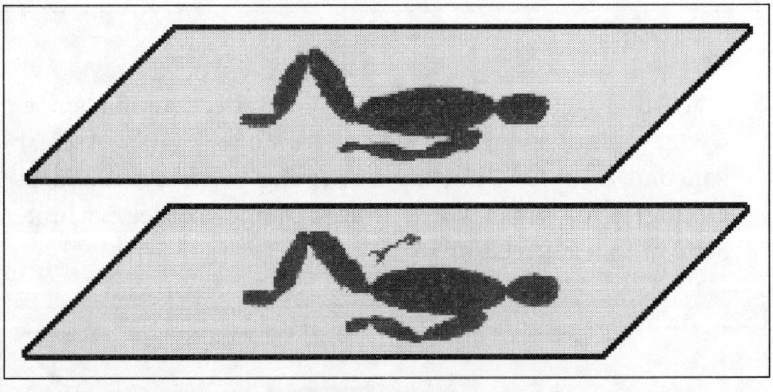

Fig. 6: Das Becken

7. Diese Übung erfordert die meiste Konzentration: Stellen Sie sich vor, an Ihren Handgelenken ist jeweils ein Faden befestigt, der beide Arme im Schneckentempo nach oben zieht. Dabei geht zuerst das Handgelenk vom Boden weg, die Finger hängen noch herunter, die Hand ist der Schwerkraft folgend locker nach unten abgekippt und bleibt während der langsamen Aufwärtsbewegung des Armes zur Senkrechten in dieser Position. Um die Bewegung nicht zu schnell durchzuführen, stellen Sie sich den Minutenzeiger einer Uhr vor.

Der Arm wird enorm schwer, wenn sie langsam genug sind und dabei tief und ruhig atmen. Sie führen die Bewegung kontinuierlich weiter über die Senkrechte hinaus, bis Sie beide Arme hinter dem Kopf ablegen können. Dabei kommt irgendwann ein Punkt, den Sie auskosten sollten, und zwar dann, wenn die Schwerkraft die locker herab hängenden Hände auf die Kopfseite zu sich passiv hinüberzieht. Diese Bewegung bitte von ganz allein ablaufen lassen. Versuchen Sie, beim langsamen Sinkenlassen der Arme jedesmal mit der Ausatmung ein wenig mehr die Muskelspannung in den Armen zu verringern. Wenn sich die Arme nach dem Ablegen hinter dem Kopf mit Hilfe des atemgekoppelten Nachlassens so eingerichtet haben, dass sie entspannt liegen, ruhen Sie sich einen Moment aus.

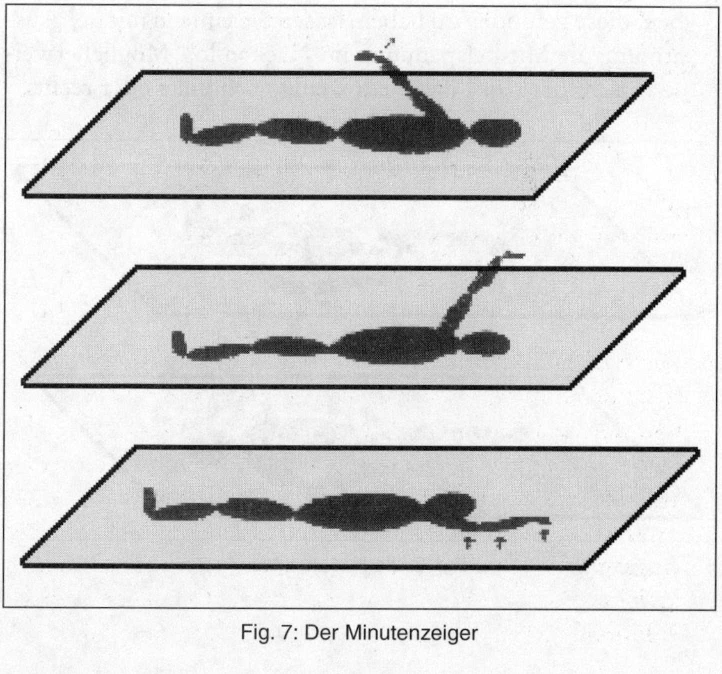

Fig. 7: Der Minutenzeiger

Danach beginnen Sie mit der gegenläufigen Bewegung der Arme wieder zur Senkrechten nach oben (Umkippmoment der Hände) und legen die Arme parallel zum Körper langsam wieder ab. Achten Sie auf das schrittweise Nachlassen der Schwerkraft, welche die Arme herunterzieht. Atmen wie unter 1. beschrieben.

8. Stellen Sie sich vor, an Ihrer Nasenspitze wäre eine zur Decke reichende Stange mit einem Pinsel befestigt. Sie sollen nun einen Strich an die Decke malen und drehen hierzu den Kopf sehr langsam und behutsam nach rechts, soweit Sie mögen, ohne eine stärkere Spannung im Nacken zu verspüren. Lassen Sie mit dem Ausatmen den Kopf zurückschwingen in die Position, die sich von allein einstellt. Probieren Sie die gleiche Bewegung nach links. Versuchen Sie nun, den Kopf in die Mitte einzustellen, und wenn Sie glauben, diese gefunden zu haben, lassen Sie einfach mit der Ausatmung die Muskelspannung im Nacken los. Möglicherweise rutscht der Kopf dabei ein wenig nach links oder rechts.

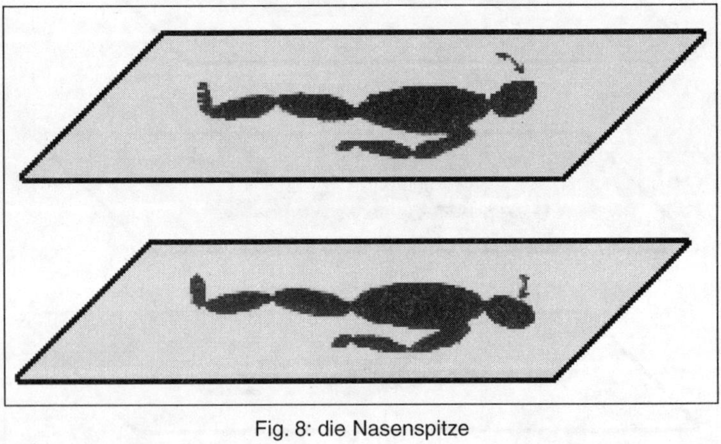

Fig. 8: die Nasenspitze

9. Drehen Sie sich mit weiterhin geschlossenen Augen langsam auf den Bauch, richten Sie sich nach Ihrem Belieben bequem ein. Die Einatemluft kann den Bauch nicht mehr heben und strömt seitwärts in die Flanken, die sich beim Einatmen aufdehnen und beim Ausatmen zusammenfallen. Beobachten und atmen.

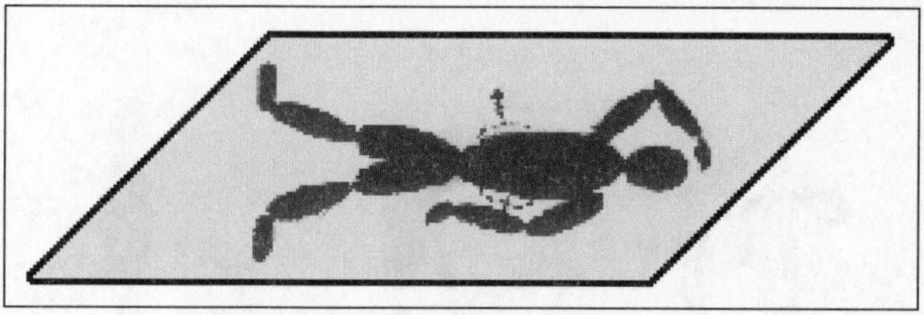

Fig. 9: Die Flankenatmung

10. Zum Abschluss stehen Sie etappenweise und langsam auf. Zuerst krabbeln Sie auf die Knie, dann in die Hocke. Von der Hocke aus strecken Sie das Gesäß nach oben und lassen dabei Rücken, Arme und Kopf (alle drei nacheinander abchecken) der Schwerkraft folgend baumeln. Mit der Ausatmung korrigieren und Muskelspannung hier oder dort nachlassen. Wenn Sie sich so eingerichtet haben, bauen Sie die Wirbelsäule Segment für Segment von unten nach oben auf, bis Sie zuletzt den Kopf nach oben nehmen. Auch hierbei den Nacken von unten her aufbauen. Die Arme hängen während des Aufrichtens schwer und funktionslos von den Schultern herab. Sie öffnen die Augen erst dann, wenn Sie das Gefühl haben, dass die Blickrichtung horizontal sein müsste.

Fig. 10: Das Aufrichten

Sie können aus dem eben beschriebenen Training einen optimalen Nutzen ziehen, wenn Sie versuchen, nach einer Lern- und Übungsphase von einigen Wochen Bestandteile des Übungsprogamms in Ihren Alltag zu integrieren. Versuchen Sie z.B. auf Reisen (Bahn oder Flugzeug) oder auch auf einem normalen Stuhl sitzend, mit geschlossenen Augen und mit der Ihnen jetzt geläufigen Atemtechnik durch Minimalbewegungen im Handgelenk oder Fußgelenk (analog Übung 3) einen Entspannungszustand zu erreichen und zu vertiefen. Sie benötigen später auch nicht mehr eine halbe Stunde, sondern nur noch wenige Minuten dazu.

Mit etwas Phantasie werden Sie weitere eigene Übungen im Sitzen oder Liegen entdecken. So gelingt es Ihnen, langfristig auch in Situationen, in denen Sie nicht auf einen ruhigen Raum, eine entsprechende Unterlage, die Möglichkeit sich hinzulegen etc. zurückgreifen können, sich optimal zu entspannen.

Sie werden den eigentlichen Sinn der Trainings bald darin finden, den Kopf „freizubekommen", wenn Sie sich auf Tätigkeiten vorbereiten, die Konzentration und Kreativität erfordern bzw. wenn Sie sich gestresst fühlen.

Wie viel persönlichen Nutzen Sie daraus ziehen können, hängt dann nur noch von Ihrem Geschick und Ihrer Konsequenz ab.

Progressive Muskelrelaxation

Auch dies ist eine Methode, die leicht erlernt und in Alltagssituationen angewendet werden kann. Das Verfahren macht sich die Eigenschaften eines Muskels zu Nutze, nach einer starken willkürlichen Anspannung einen niedrigeren Spannungszustand einzunehmen als vorher. Auf diese Weise können nach und nach verschiedene Muskelgruppen angegangen und entspannt werden, was parallel zu einer Herabsetzung des Stressniveaus führt. Die übersteuerte Stressreaktion wird hier durch ein willentlich kontrollierbares Organ, an dem sie sich austobt, heruntergedrosselt. Genauso gut wie das konzentrative Entspannungstraining lässt sich die PMR in den Alltag integrieren und dient der Kurzentspannung, um auf die linke Kurvenseite zurückzuwandern – zur vollen Kraft. Im Folgenden Beispiele für das Vorgehen bei der PMR:

1. Atmen Sie ein, ballen Sie beide Fäuste kräftig und zählen Sie bis fünf. Danach loslassen und ausatmen. Übung dreimal wiederholen.
2. Verziehen Sie mit Kraft das ganze Gesicht, also ob sie auf eine Zitrone gebissen hätten. Einatmen, bis fünf zählen, ausatmen, entspannen. Dreimal wiederholen.

3. Drücken Sie beide Handflächen flach und fest gegeneinander. Einatmen, bis fünf zählen, ausatmen, entspannen. Dreimal wiederholen.
4. Pressen Sie beide Handflächen fest auf die Tischunterlage. Einatmen, bis fünf, Sie wissen schon ...
5. Beide Füße fest auf den Boden pressen.
6. Mit den Innenflächen der Hände im Sitzen die Innenseiten der Knie auseinanderdrücken, mit den Beinen dagegenhalten. (Nein: nicht bis fünfzig, bis fünf zählen!)
7. Fersen nach oben drücken, Zehen auf den Boden pressen und mit den Händen die Knie herunterdrücken.
8. So das reicht – eigentlich sollten Sie jetzt etwas entspannter sein.

Autogenes Training

Es ist vielen schon bekannt als ein Verfahren, das einen ruhigen Raum, eine ungestörte Situation zu Hause erfordert. Es verlangt Übung. Vornehmlich durch Konzentration und autosuggestive Formeln versucht das autogene Training, Stellglieder der Stressreaktion wie Hautdurchblutung und Muskelspannung zu beeinflussen. Der Zustand der Hautdurchblutung erzeugt das jeweilige Wärme- oder Kältegefühl unabhängig von der Außentemperatur. Nicht jedermanns Sache, aber wer hier einen Zugang findet, besitzt damit ein gutes Entspannungsinstrument. Hier ein paar Grundübungen, die Sie auch ruhig alleine mal üben können. Empfehlenswert ist aber eine Anleitung durch einen Trainer/Kurs.

Schwereübung

6 x	Der rechte Arm ist ganz schwer.
1 x	Ich bin ganz ruhig.
6 x	Der rechte Arm ist ganz schwer.
1 x	Ich bin ganz ruhig.
6 x	Der rechte Arm ist ganz schwer.
1 x	Ich bin ganz ruhig.

Aufwachformel zum Selbst-Vorsagen:
Arme fest – tief atmen – Augen auf!

Wärmeübung

6 x	Der rechte Arm ist ganz schwer.
1 x	Ich bin ganz ruhig.
6 x	Der rechte Arm ist ganz warm.
1 x	Ich bin ganz ruhig.
6 x	Der rechte Arm ist ganz warm.
1 x	Ich bin ganz ruhig.
6 x	Der rechte Arm ist ganz warm.
1 x	Ich gin ganz ruhig.

Arme fest – tief atmen – Augen auf!

Atemübung

6 x	Der rechte Arm ist ganz schwer.
1 x	Ich bin ganz ruhig.
6 x	Der rechte Arm ist ganz warm.
1 x	Ich bin ganz ruhig.
6 x	Atmung ganz ruhig.
1 x	Es atmet mich.
1 x	Ich bin ganz ruhig.

Arme fest – tief atmen – Augen auf!

Yoga

Auch Yoga trägt erst mit längerer Übung richtig Früchte. Yoga bietet wesentlich mehr als nur Entspannungmomente und Übungen zur Wiederherstellung der inneren Balance. Erst mit den mentalen Elementen zusammen entfaltet es sein volles Potenzial. Regelmäßigkeit ist ein Muss – ebenso dass man es in einem guten Kurs erlernt. An dieser Stelle verzichten wir hier auf Einzelheiten, wollten es aber erwähnt haben, da die Effekte der verschiedenen Yoga-Übungen hilfreich gegen Stress sein können. Allerdings müssen Sie sich das System individuell erarbeiten. Neugierige sind hier willkommen …

Meditation

Kurzmeditationen haben ihren Niederschlag in zahlreichen Büchern gefunden. Zen ist am bekanntesten, es verwendet PMR-Elemente, konzentrative Elemente und autogene Elemente.

Manchmal allerdings ist der Effekt bei Meditation lediglich auf die Induktion einer kurzen Trance zurückzuführen. In den Halbschlaf versetzt uns auch schon mal klassische Musik. Warum?

Musik

Neben den mittlerweile weithin bekannten Trance-Induktionskassetten und Entspannungsmusiken wirkt auch die klassische Musik – manchmal sogar bis zum Tiefschlaf. Besonders ohrenfällig wird dies, wenn der Sitznachbar im Abonnement-Konzert klassischer Meister die Augen verdreht und gegen den Takt anschnarcht. Wir unterstellen ihm natürlich sofort grobe Mängel an musikalischer Allgemeinbildung, dabei kann der Arme wirklich nichts dafür. Ist er doch, wie viele unter uns, anfällig für das vorherrschende Metrum dieser Musik. Denn dieses gibt uns Impulse mit einer Frequenz von 60 bis 80 Schlägen pro Minute. Und dies ist die Herzschlagfrequenz der Mutter, an deren Brust der im linken Arm getragene Säugling tief entspannt einschläft. Das hat sich sogar bis zu den noch heute existierenden Primitivkulturen herumgesprochen, wo die Mütter den Säugling im linken Arm tragen und somit die Rechtshändigkeit weiterverbreiten, weil dieser Arm dann frei wird zum Arbeiten.

Sauna

„In der Sauna verraucht der Zorn", sagt man in Finnland. Durch das Wechselspiel zwischen Durchwärmung und Abkühlung, was mit einem Erweitern und Zusammenziehen der Blutgefäße verbunden ist, bringen Sie passiv enorme Bewegung in die Mechanismen der Stressreaktion. Bekannt sind der zuerst aktivierende Effekt der Sauna und anschließend die länger anhaltende Entspannungsphase, die etwa eine Stunde nach dem Saunagang einsetzt. Zwei- bis dreimal die Woche genossen ist die Sauna eine ideale Ergänzung anderer Maßnahmen.

Lachen

Neben Hunger und Liebe wahrscheinlich das dritte echte Grundbedürfnis der Menschheit. Machen Sie sich einmal klar: Sie dürfen lachen! Und wenn es hin und wieder in diesem Buch versteckten oder direkten Humor zu entdecken gibt, dann hat das seinen therapeutischen Grund: Der Stress soll weggehen! Was wäre ein Buch über Stressmanagement wert, das nicht in der Lage ist, durch das Lesen allein seine Wirkung zu tun …

Schon Aristoteles wusste: „Lachen ist eine körperliche Übung, die der Gesundheit dient." Und Thomas Sydenham, ein englischer Arzt des 17. Jahrhunderts, war der Ansicht: „Wenn ein guter Clown in die Stadt kommt, wirkt sich das günstiger aus auf die Gesundheit der Einwohner als 20 Wagenladungen voll Arznei." Damit setzen wir medizinisch unsere volle Hoffnung auf die zukünftigen Erfolge der Gentechnologie: das Clo(w)nen von Clowns ist angesagt …

Wenn Sie nichts zu lachen haben – was ja jeder halbwegs professionell Leidende in diesem Lande vorgibt –, dann verschaffen Sie sich etwas. Ein Freund von mir, ein bekannter Witzforscher, meint allerdings, damit sollte man vorsichtig sein, denn alle guten Witze würden immer auf Kosten anderer gehen. Die UNO-kompatiblen Witze seien einfach keine.

Trotzdem sollten wir es noch mal festhalten: Lachen ist gesund – es regt das Immunsystem an und entspannt. Es gibt keinen besseren Weg als andere zum Lachen oder Schmunzeln zu bringen, um beliebt zu werden. Wenn Sie auffallen, ohne dass man lacht, hat man nur Angst vor Ihnen und damit haben Sie dann wieder Stress.

Hobbys

Hobbys haben einen unschätzbaren Vorteil: Sie bilden oft eine Brücke in unsere Kindheit, hin zu Zeiten, in denen wir gespielt haben. Und damals hatten wir keinen Stress. Diese physiologische Erinnerung kommt uns zugute, wenn wir wieder Hobbys nachgehen. Uns mag es als Luxus erscheinen, als Zeitverschwendung. Wenn Sie den Gedanken an Hobbys ablehnen, könnten Sie auch Probleme mit der Liebe haben. Hobbyisten sind wahre Amateure, Liebhaber von schönen Kleinigkeiten, von Luxus. Das Hobby ist ein Weg zu sich selbst.

Nehmen wir mal das Buddelschiff – diese in alte Schnapsflaschen hineingebastelten Modellsegler. Jeder kennt es, in jedem dritten Kinofilm sieht man stimmungsbildend irgendwo eins stehen, aber haben Sie mal eins gemacht? Dazu müssten Sie mehrere Rahmenbedingungen auf sich wirken lassen, die alle Ihren Stress bekämpfen:

- Time out – room out. Das ist das Prinzip, um die Zeit anzuhalten. „Time out" bedeutet, dass Sie anschließend nichts geplant haben, und „Room out" bedeutet, dass Sie sich in einem Raum befinden, in dem Sie garantiert keiner stören kann. (Nein, nicht das Büro ist gemeint …) Wir denken an den Dachboden oder Bastelkeller zu Hause. Schaffen Sie sich diesen Raum, Sie brauchen ihn. Was Sie dort treiben, ist ihr Geheimnis. Ideal wäre schon das Buddelschiff oder die elektrische Eisenbahn oder der Flieger oder Schnitzerei oder etwas Ähnliches. Denn:
- Was Sie gebrauchen sollten, sind die Sinneskanäle, die Sie sonst im Alltag mit Verachtung strafen, weil alles so plastikglatt, knöpfcheneinfach und geruchssicher geworden ist. Diese Kanäle sind:
  - Die Tastrezeptoren und Gelenkrezeptoren Ihrer Hand. Die haben eine große Differenzierungskompetenz für das, was Sie anfassen und mit den Händen manipulieren wollen. Diese Kanäle sind im Alltag gnadenlos unterfordert.
  - Ihre Nase. Die will was zu tun bekommen und mit entscheiden, ob der Leim mehr hier oder dorthin kommen muss oder ob das Holz alt oder frisch ist.

– Die Druckrezeptoren auf Ihrer Haut, die Ihnen mitteilen, wie das Material zu behandeln ist, damit der ästhetische Effekt, den Sie erzielen wollen, erreicht wird. Sie trainieren Sensibilität.

Mit Hobbys trainieren Sie Sinneskanäle, die im Stress lahmgelegt und ausgeschaltet werden, weil unwichtig. Umgekehrt führt die Aktivierung dieser Kanäle durch entsprechende Herausforderungen, sie einzubringen, zu einer aktiveren Entspannungsreaktion. Zeit und Stress verfliegen im Nu. Außerdem schaffen wir wieder sichtbare Werte, nachdem wir den ganzen Tag im Internet gewühlt haben.

Alltagstricks, die sich aus dieser Sinneskanalaktivierung ergeben, sind z.B. kleine Kristalle, die Ihren Schreibtisch zieren und zum Anfassen oder Herumspielen verleiten. Auch ein in der Natur gefundenes Wurzelholz tut seinen Dienst. Oder Knetmasse. Behaupten Sie einfach, Ihre Kinder hätten Ihnen das geschenkt, falls Sie einen Absturz Ihres sozialen Ansehens in der Firma befürchten. Solange Sie nicht in der Teamsitzung mit Knetekügelchen auf Kollegen schmeißen, sollte es eigentlich okay sein.

Lesen

Meine Güte, wir müssen doch schon so viel Lesen! Ja, aber was? Ich rede von leichter Muse, Belletristik, Humor, Kurzgeschichten, schöne Storys, Ironie, was immer Ihnen liegt. Auch Krimis, wobei hier Donna Leon empfohlen sei. Bekannte Literaturkritiker werden mir verzeihen müssen.

Wieso das im Gegensatz zu neuer deutscher Literatur entspannt? Weil es erstens des Tiefgangs und der tief liegenden Nebel über den germanischen Sümpfen entbehrt, der hier nicht gefragt ist. Wichtig ist hier, Bilder zu erzeugen, die Licht in unsere Köpfe transportieren, klare innere Gemälde zu zeichnen,

Worte zu gebrauchen, die unsere Vorstellungskraft durch Neugierde und Lust vorantreiben – Worte, die angenehme Stimmungen zaubern.

Das Fernsehen ist nicht in der Lage, solche Bilder zu zaubern, weil es sie zudeckt. Es verhindert mit rasend schnellen Bildfolgen die Erzeugung eigener innerer Bilder. Es macht sie einfach platt und lähmt den Bilderzeugungsgenerator in uns. Das ist eher noch stressfördernd, denn wir haben dann noch die Aufgabe, die einmal aufgesogenen Bilder zu verarbeiten. Und das ist Arbeit – mentale Arbeit, auch wenn uns dies nicht bewusst wird.

Lesen erlaubt Pausen und Sie entscheiden dabei selbst, wann Ihr Bilderzeugungsgenerator Ruhe braucht und satt ist. Sie bestimmen die Geschwindigkeit der Wahrnehmung. Beim Lesen kontrollieren wir das Geschehen. Wir sind dabei eben nicht fremdbestimmt.

8.5 Selbst-Optimierung

Hier wird der Spieß umgedreht, aber nur vorübergehend. Nachdem wir uns um den Abbau von Stress gekümmert haben, kommt hier die Anleitung, wie Sie sich aus Leistungslöchern mit dem gezielten und dosierten Erzeugen von Stressoren nach „oben" ziehen können. Ziel ist, positiven Stress zu verbreiten, der Sie auf der Glockenkurve nach oben zu Ihrem Leistungsoptimum bringen soll.

Bevor Sie diese Methoden anwenden, sollten Sie jedoch über eines sicher sein: Wo genau stehen Sie auf Ihrer Stress-Leistungs-Kurve? Die Bedeutung dieser Frage wird vielleicht noch sichtbarer, wenn Sie mal auf jemand anders schauen, auf einen Mitarbeiter/Kollegen. Angenommen, Sie sollen dessen Leistung beurteilen: Gewöhnlich blicken Sie dann aus der Perspektive der Leistungsachse in der nachfolgenden Grafik. Etwa so:

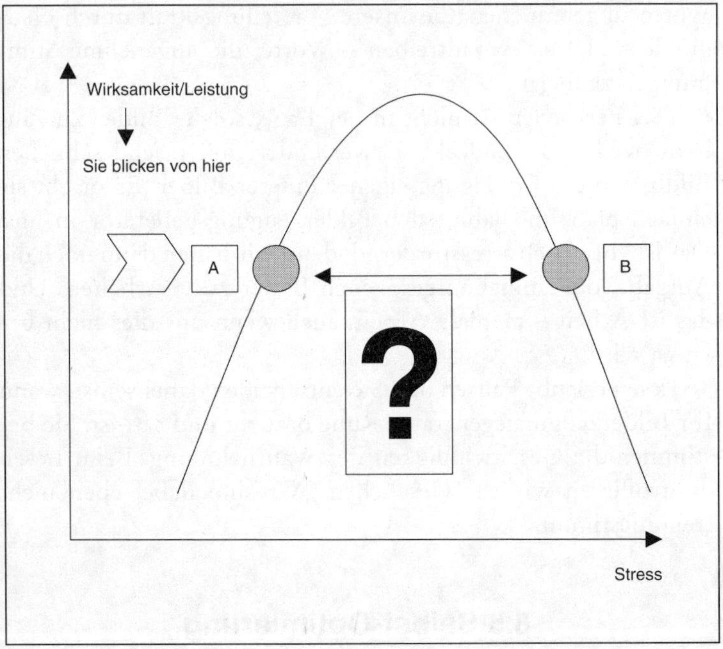

Wenn Sie vom Blickwinkel der Wirksamkeit auf den Mitarbeiter blicken, ergibt sich die Frage: Woher wissen Sie eigentlich, ob er sich bei Punkt A oder B auf der Kurve befindet? Sie sehen immer das Gleiche: lausige Performance … Wenn Sie ihn fragen: „Haben Sie eigentlich Stress?“, wird er womöglich antworten: „Nöö, nicht mehr als sonst auch“, um sich nicht dem Eindruck auszusetzen, er wäre ein Minderleister und dem Risiko ausgesetzt, auf der Liste der demnächst zu Entsorgenden zu erscheinen. Diese Frage bringt Sie also nicht weiter. Trotzdem ist es von entscheidender Bedeutung zu wissen, ob er bei Punkt A oder B steht, denn die zu ergreifenden Maßnahmen sehen doch wohl ganz anders aus.

Im Falle B braucht er womöglich einen anderen Führungsstil von Ihrer Seite, andere Arbeitsmittel, ein Konfliktgespräch, Zielklarheit, Prioritäten, weniger Zuschüttung mit irrelevanter Information etc. Im schlimmsten Fall: Entlastung, eine neue Position, Versetzung, eine Kur etc.

Im Falle A braucht er womöglich drei neue und herausfordernde Ziele mehr, ein Incentive, engere Zeitvorgaben, Abgabetermine mit Konsequenzen bei Nichteinhaltung etc.

Falls Sie sich irren, der Mitarbeiter sich bei B befindet und Sie mit dem Arsenal aus der Sicht von A zuschlagen, werden Sie den Mitarbeiter vollends aus dem Gleis bringen. Sie schaffen sich ein echtes Problem, anstatt es zu lösen. Gute Nacht. Die Kollegen des Betreffenden gehen dann auch schon auf Tauchstation – und das systematischer, als Sie jemals mitbekommen werden.

Falls Sie mit dem Rüstzeug aus B-Sicht den Mitarbeiter bei A beglücken, wird er Sie irgendwann für ein harmloses Softei halten und besser beurteilen können, was man eigentlich tun sollte in der Abteilung. Er wird Sie nicht mehr ganz ernst nehmen. Das wird also genauso ein Führungsproblem sein.

Für die Symptome im übersteuerten Stress (Punkt B der Kurve) haben Sie ja die vorangehenden Kapitel aufmerksam studiert. Ihre nunmehr geschärfte Beobachtungsgabe für chronisches oder temporäres Typ-A-Verhalten sollte es Ihnen erlauben, ziemlich zielsicher diese Seite abzuchecken und so sehr rasch zu einer validen Beurteilung zu kommen. Die anderen „Minderleister" verdienen Ihre volle Aufmerksamkeit für die motivierenden Maßnahmen, die wir im Folgenden unter die Lupe nehmen. Es sind auch welche dabei, die Sie sich selbst angedeihen lassen können bzw. die sich gar nicht eignen, sie anderen fordernd anzudienen. Z.B. solche netten Übungen, wie „Sterne pflücken und pflanzen". Nicht jeder/e wird auf Anhieb verstehen, was Sie damit wirklich bezwecken …

Aktivierungsmethoden – volle Kraft voraus

Sie befinden sich in dem Bereich, der nichts mit Reduktion von Stress zu tun hat, sondern mit der gezielten Erzeugung desselben. Sie können so Stress für sich nutzen und Ihr Stressniveau steuern. Mit den folgenden Übungen sparen Sie sich Koffein. Die Übungen haben den Vorteil, dass sie leichter zu handhaben sind als die Effekte von Kaffee. Wenn Sie von Letzterem mal zuviel erwischt haben, dauert es Stunden, bis Sie von dem Trip wieder runter sind. Mit den Übungen geht es viel leichter rauf oder dann mit voller Kraft auch wieder runter.

Der Tiger

Das ist eine alte taoistische Übung. Sie heißt: Der Tiger schärft die Krallen. Der Tiger sind Sie und Ihre Krallen sind wie zum Kratzen ausgefahren, die Arme nach oben gestreckt. Wie der Tiger machen Sie jetzt Kniebeugen, kratzen an einer vorgestellten Baumrinde herunter und fauchen beim Heruntergehen ganz fürchterlich und laut. Das Ganze bitte sechsmal. Das hat noch jedes Morgentief verscheucht und Workshop-Teilnehmer aufgeweckt.

Der Kämpfer im Eisenhemd

Dieser arme Mensch ist in Eisenketten gelegt, die sich um seine Brust schnüren. Zuerst pumpt er sich mit sechs bis sieben heftigen Atemzügen auf. Dann klatscht er mit beiden Händen am Körper entlang, zuerst nach unten, dann wieder nach oben. Schon im Wiederaufrichten fängt er an zu brüllen mit einem sich steigernden lauten „Aaaah“. Sobald er mit den Armen oben angelangt ist, ballt er die Hände zur Faust und schlägt mit den Ellenbogen auf Schulterhöhe dreimal zur Seite. Dies verbindet er mit drei maximal lauten Schreien: „Ah, ah, ah!“ Bei Anwendung in der Gruppe bitte auf nebenstehende Personen achten.

Die Himmelstrommel rühren

Pressen Sie die Handflächen fest auf die Ohren und massieren mit Zeige-, Mittel- und Ringfinger beider Hände leicht den Hinterkopf. Dann entfernen Sie beide Hände ruckartig von den Ohren. Zehnmal hintereinander durchführen. Stecken Sie den Mittel- oder Zeigefinger in die Ohren, drehen die Finger dreimal und ziehen Sie sie ruckartig heraus. Drei- bis fünfmal wiederholen.

Machen Sie diese Übung, wenn Sie morgens aufstehen oder wenn Sie sich zwischendurch müde fühlen.

Luft fangen

Sie stehen oder sitzen. Strecken Sie einen Arm mit Anspannung nach vorne. Machen Sie die Handfläche auf und eine Handbewegung, als ob Sie etwas fangen wollten. Ziehen Sie den Arm fest zurück zur Brust während Sie dabei tief einatmen und den anderen Arm nach vorne strecken Beim Ausstrecken des Armes nach vorne atmen Sie dann aus. Abwechselnd mit beiden Armen durchführen und mehrfach wiederholen.

Einen Stern pflücken, einen anderen pflanzen

Sie stehen mit den Füßen etwas auseinander, die Arme locker neben dem Körper hängend.

Nehmen Sie den linken Arm hinter den Rücken und drücken den Handrücken ins Kreuz. Gleichzeitig heben Sie den rechten Arm hoch über den Kopf, mit der geöffneten Handfläche nach oben. Sie blicken zum Himmel dabei und gehen bei der Aufwärtsbewegung leicht auf die Zehenspitzen. Dabei atmen Sie ein. Sie atmen aus, wenn Sie den erhobenen Arm herabnehmen und den zurückgenommenen wieder nach vorne gehen lassen. Seitenwechsel. Mehrfach wiederholen.

Stretching

Diese Übung kommt nicht aus dem alten China. Stretching kennt wohl jeder als Aufwärmübungen vor dem Sport. Wir verzichten hier auf detaillierte Darstellungen und überlassen es den Kollegen der Sportmedizin, dies zu tun. Es gibt gute Ratgeber darüber, die Ihr Wissen hier ergänzen können.

Kaltes Wasser

Großmutter kam auch noch ohne Zentralheizung zurecht und versuchte uns zu überzeugen, dass kaltes Wasser gesund sei. Langsam stirbt diese Art wach zu werden aus. Wechselduschen am Morgen trainieren die Elastizität Ihrer Blutgefäße und Kälte ist ein Stressor, den Sie vielleicht schon in der Eingangsliste gefunden haben. Machen Sie es sich zur Angewohnheit, der Effekt ist deutlich. Aber machen Sie es für sich und quälen Sie damit bitte keine kleinen Kinder nach dem erziehungswütigen Motto: Das ist gesund für euch!

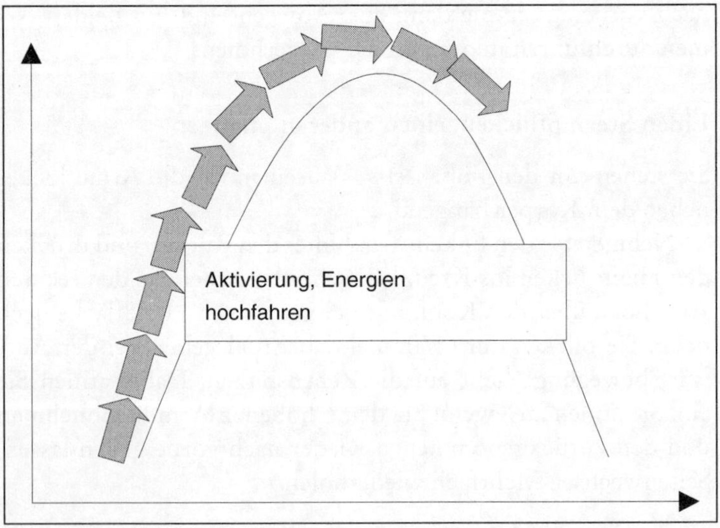

An dieser Stelle fragen Sie sich, wieso Sie Ihre Mitarbeiter nicht unter die kalte Dusche stellen dürfen. Wenn Sie mal genauer drüber nachdenken, machen Sie das vielleicht andauernd, so als intuitiv chaotisches Führungsprinzip. Und zwar immer dann, wenn Sie Ihren eigenen Stress nicht losgeworden sind und anderen welchen machen. Das ist für andere nur dann motivierend, wenn die nicht genug haben, sich also auf der linken Seite der Kurve befinden – und wer ist da heute eigentlich noch …? Sinnvoller wäre es an dieser Stelle dem Mitarbeiter den Freiraum zu gönnen, die eigene Leistungsbreite selbst bestimmen zu können. Schließlich wollen Sie das als Leser dieser Zeilen auch. Das bedeutet, dass Sie Folgendes beachten müssen:

- Ziele delegieren mit der dazugehörigen Verantwortung (beschäftigen Sie den kleinen Controletti in Ihnen mit Erbsenzählen in Ihrem heimischen Gemüsekeller und kontrollieren Sie die (Teil-)Ergebnisse und deren Qualität, aber nicht den Weg, den Ihre Mitarbeiter mit den vorgegebenen Ressourcen beschreiten)
- Herausforderungen und Erwartungen formulieren, die den Stolz und Gemeinschaftssinn ansprechen
- Coaching und Support versichern und einhalten
- Klare Verantwortlichkeiten (Zuordnung und Grenzen) definieren
- Selbst ein gutes Beispiel geben (irgendwie haben Sie auf diesen Punkt ja schon gelauert – er musste letztlich kommen …)

Gerade der zuletzt angeführte Punkt zeigt uns, dass sich so viel im Leben nicht ändert, insbesondere wenn man es mit Menschen zu tun hat. Das soll uns nicht verleiten, in zynische Weltbetrachtungen zu verfallen, wie es dem Typ A so elegant und so kontinuierlich gelingt, sondern sollte uns herausfordern, endlich die Instrumente professionell einzusetzen, die wir sonst anderen gegenüber so gerne loben und bereits kennen.

Aufputschmittel

Sie erwarten doch nicht im Ernst, dass ich mich hierüber seitenweise ausbreite nach allem, was schon darüber gesagt wurde. Koffein ist und bleibt eben Koffein. Sie haben die Dosierung ja im Griff und können die Zufuhr stoppen, bevor Sie mit schwitzender Oberlippe und im Schnellsprechstakkato Ihre wortlastige Präsentation abnudeln (siehe Typ-A-Symptome). Wir wollen dieses Kulturgift ja nicht abschaffen, lediglich die Kenntnis der Überdosierungsgefahren verbreiten. Die koffeinhaltigen Getränke und ihre verhaltensmäßigen Auswirkungen sind aus den meisten Kulturkreisen nicht wegzudenken. Die Konsequenz ist hier Ihr Freund. Es würde nichts nützen, wenn Sie sich eine bereits beliebte Strategie zu Eigen machten und Ihrer Gesundheit zuliebe künftig nur noch den „doppelten halben Cappuccino mit cholesterinfreier Sahne und Süßstoff“ zum fünften Mal bestellen.

Mit Kompetenz zum Erfolg

Manchmal nützt volle Kraft voraus auch nichts. Es ist Unsinn, einen starken Kaffee für die ganze Abteilung zu kochen, wenn die Kurve so aussieht:

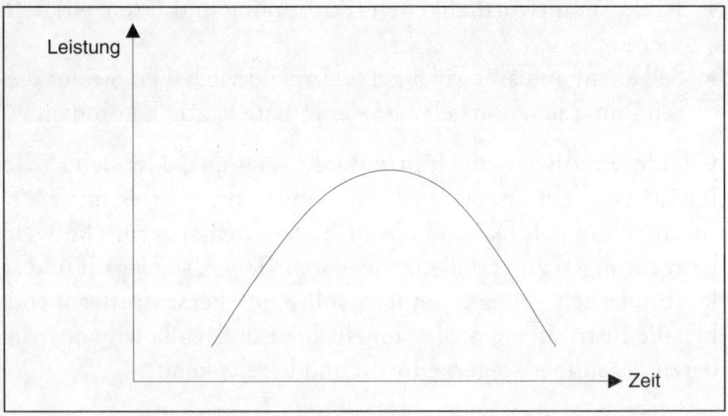

Richtig: Sie blicken von Punkt A aus ins Leistungsleere. Auf jemand anders oder sich selbst. Beide sind schnell auf der linken Seite der Kurve wieder heruntergefallen, wenn Leistungsziele erreicht werden sollen, die deutlich höher liegen. Das Profil ist einfach zu flach ...

Die Lösung: Training, Enabling, Qualifikation, Anleitung, explizites und implizites Wissen sind erforderlich, um die Stressfalle zu umgehen. Normalerweise denken die meisten, diese Kurve sei das Grundproblem schlechthin mit Stress unter Leistungsdruck: „Ihr verlangt ja von uns, dass wir etwas können sollen, was gar nicht geht, was wir gar nicht gelernt haben!“

Das stimmt natürlich nicht immer, in manchen Unternehmenskulturen sogar sehr häufig nicht. Denn Menschen lernen auf „Reisen“, d.h. auf dem Weg zum Ziel. Meistens tun sie das sogar autodidaktisch und in Teams. Das darf aber manchmal nicht so laut gesagt werden, weil die Jobs der Weiterbilder und viel zu vieler Akademiker im Lande wackeln würden, wenn wir verstärkt auf autodidaktische Kompetenzen setzten. Bevor wir also die Wissensgesellschaft zu restrukturieren beginnen, wollen wir erst mal diese Geschichte gut hinter uns bringen. Etwa folgendermaßen:

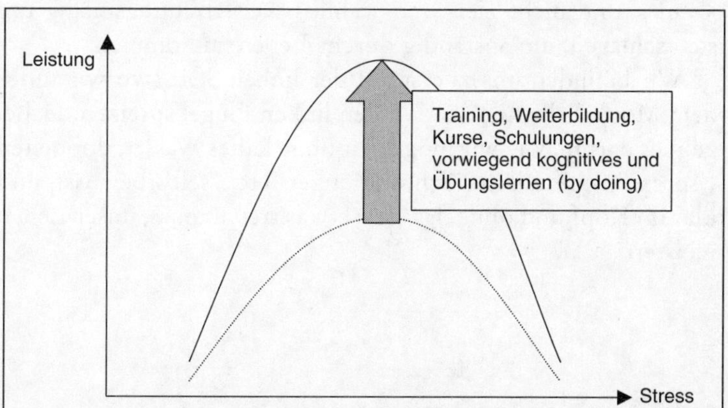

Wie die Visualisierung zeigt, gelingt es so, ein erhöhtes Optimum zu erreichen und die gleiche Grundversorgung an innerem Stress effektiver auszunutzen. Grundlage dafür ist Übung, Wissen, Training etc. Damit Sie also kein Flachmann werden, sollten Sie prüfen, wie viele Skill Gaps/Kompetenzlücken Sie schließen müssen, damit Sie das Phänomen Stress in den Griff kriegen. Für eine gezielte Stressmanagementstrategie ist das ein potenzieller Stolperstein, wenn Sie ihn nicht durchdenken.

Die verstärkten Flügel

Jetzt ist es endlich soweit: Wir heben ab. Jedes Buch, das gelesen werden soll, braucht eben doch die Abhebekomponente mit dem Überfliegerenthusiasmus … Leider werden Sie entdecken, dass sehr viel harte Arbeit und konsequenter Pragmatismus in die Umsetzung der folgenden Stressmanagementansätze gesteckt werden muss. Wir sitzen also erst mal auf dem Boden.

Die nachfolgenden Empfehlungen haben alle mit Leistungssteigerung und Stressmanagement zu tun. Sie kennen etliche davon. Sie werden hier lediglich in einen Zusammenhang zu unserem Thema positioniert, damit Sie eine Systematik aufbauen können und nicht ziel- und wahllos weiterbildungsmäßig um sich schlagen, um anständig durchs Leben zu kommen.

Wir befinden uns zuerst auf der linken Seite, wo wir unter dem Motto Selbstmotivation den linken Flügel spreizen. Dabei geht es darum, wie wir möglichst ohne kaltes Wasser, doppelten Espresso, chinesische Schreiübungen etc., selbstbewusst und klar im Kopf und ohne dass uns etwas treten muss, unser Leben meistern.

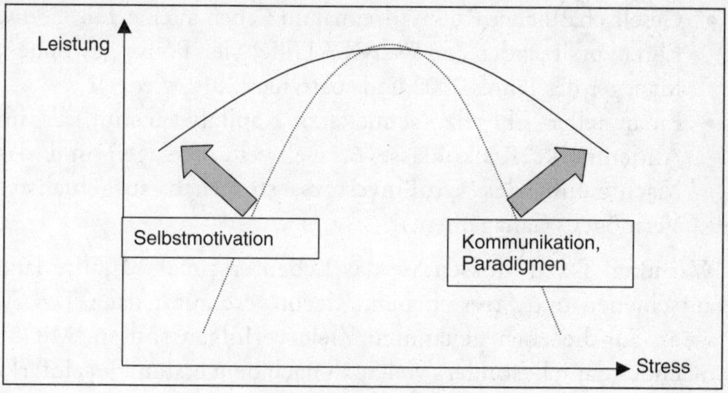

Lebensziele

Wann werden unsere Lebensziele gepflanzt? Meist in der Jugend und Kindheit, jedenfalls nicht dann, wenn wir bewusst in der Lage sind zu wählen. Denn wählen können setzt Ziele haben bereits voraus. Auch wussten die Eltern nicht, die das Beste für uns wollten, wie die Wirklichkeit 20 Jahre nach ihren erzieherischen Maßnahmen aussieht. In unserer Gegenwart hat es weitgehend die Werbung übernommen, uns die Lebensziele reinzudrücken. Dort zeigt man uns, wie mit manchen Produkten alles so klar und einfach wird und dass unsere richtigen Werte aus Luxus, Sicherheit und Pseudoharmonie bestehen – selbst wenn das letztlich dem Stress nicht hilft, sondern nur dem Hersteller.

Also brauchen Sie eigene Klarheit. Wie weit ist es damit? Haben Sie etwa so nette Lebensziele gebunkert wie:

- Bis 55 arbeiten, dann rentenreich in Pension gehen und danach das Leben genießen?
- Haus bauen, Ferienhaus bauen, Segelboot kaufen, Skihütte erwerben?
- Drei Kinder mit Wohlstand versorgen (Cabrio kaufen, Wohnung schenken, Weltreisen gönnen)?

- Gesellschaftlicher Ruhm (dreimal im Leben in eine Talk-Show, Ehrenvorsitzender der Welt-XY-Hilfe, vier Preise gewonnen, Manager des Jahres 2002 und spätestens 2010 wieder)?
- Finanzieller Ehrgeiz (schnelleres Kapitalwachstum als im Aktienmarkt Risikoklasse 6, weltweite Anlagen und das Machtgefühl des Großinvestors, steuerlich ausgefuchstes Vermögensmanagement)?

Warnung! Dazu müssen Sie das Leben erst mal 30 Jahre lang aufschieben und Stress haben. Riecht verdammt nach Typ A, wenn Sie die eben genannten Ziele verfolgen sollten. Mit 55 macht es dann besonders viel Spaß nach dem ersten Herzinfarkt und der drohenden mentalen Rentnerkrise auf Weltreise zu gehen und in Afrika latexgesicherte und viagragesponserte Abenteuer in Luxushotels zu erleben.

Oder brauchen Sie eine Villa in München, eine 10 Minuten vom Skizirkus, eine mit Blick aufs Mittelmeer und 10 Hektar Grund für Ihre Pferde drumherum? Ach, die Segeljacht am Seeufer hatten wir vergessen und die Tatsache, dass Sie mit Claudia Schiffer/Bruce Willis verheiratet sind ... Wenn das so ist, dann dürfen Sie mal auf Jagd gehen und Ihre eierlegenden Wollmilchsäue abschlachten, die Ihre Lebensenergie verzehren.

Natürlich dürfen und sollen Sie manche Dinge anders machen als Ihre Eltern und Großeltern, aber für wie viele Visionen haben Sie Platz in Ihrem Leben? Womit sind Sie zufrieden? Welches sind die wichtigsten Werte für Sie persönlich und welche erreichbaren Ziele drücken aus, dass Sie diese Werte leben und verwirklicht haben?

Machen Sie doch mal eine Liste und ordnen Sie die Dinge nach vorstellbaren Zeiträumen: Was soll in einem Jahr sein, was in fünf Jahren, was in zehn Jahren? Und dann gehen Sie das Ganze mit Ihrem Lebenspartner oder einem Freund durch und fragen ihn, ob er das für realistisch hält oder – falls Partner – ob der da überhaupt mitmachen will. Dadurch erkennen Sie vielleicht den Anpassungsbedarf und Realisierungsaufwand besser. Z.B. so:

Werte	**Aus Werten abgeleitete Lebensziele**	
Sicherheit	Freundschaftliche Beziehungen zu allen Mitmenschen	Zwei Wohnungen besitzen
	Risikoarmer Lebensstil	Die Kompetenz zum Handeln immer bei sich behalten
Ihre Werte	Ihre Lebensziele	

Von den Lebenszielen möchte ich erreicht haben in 1 Jahr	5 Jahren	10 Jahren
Lebensziel 1	Lebensziel 2	Lebensziel 3

Yün Sheng fragte den Meister Ken Ya: „Meister, ich habe so viele große Ideen. Wie soll ich sie alle in einem einzigen Leben je verwirklichen?“ Ken Ya antwortete: „Wenn du auch nur eine deiner großen Ideen verwirklichst, lohnt es sich, an ihr gealtert zu sein.“

Mit der Tabelle gehen Sie folgendermaßen um:

- Definieren Sie als Erstes die Werte, die Sie für sich als die wichtigsten ansehen. (Werte sind z.B. Sicherheit, Freundschaft, Liebe, Geborgenheit, Ordnung, Freiheit, Sauberkeit, Familie, Status, Freude. „Videorecorder“ ist kein Wert, sondern ein Gegenstand, der um des Wertes Freude willen womöglich als Erwerbsziel angesehen und umgesetzt wird.)

- Als Zweites tragen Sie Lebens-/Erwerbsziele ein. (Das sind Ziele, die sich aus den Werten ableiten, es können pro Wert mehrere Ziele auftauchen.)
- Als dritten Schritt schauen Sie sich Ihr Ergebnis an und überprüfen, was Sie davon alles nach einem, fünf oder zehn Jahren erreicht haben wollen.
- Als vierten Schritt lassen Sie das Ergebnis Ihrer biografischen Planung auf sich wirken und denken nach, was das alles bedeutet.

Wenn Ihnen danach Zweifel an der Durchführbarkeit oder an der Akzeptanz in Ihrem unmittelbaren Umfeld kommen sollten, dann gehen Sie bitte Ihre spontane Aufstellung hinsichtlich der Lebensziele noch einmal durch und fragen sich nun:

- Welche von meinen Lebenszielen sind am wichtigsten, worauf wäre ich am meisten stolz?
- Danach überarbeiten Sie die Gesamtheit Ihrer Lebensziele: Auf welche könnten Sie am ehesten verzichten, wie lassen Sie sich in andere integrieren?
- Legen Sie eine neue Liste an: was wollen Sie in einem, in fünf, in zehn Jahren erreicht haben?
- Passt das Ergebnis jetzt?

Falls das Ergebnis immer noch nicht passt und Sie wieder Zweifel oder Probleme haben, dass der dazu notwendige Aufwand Sie trotz angewandtem Stressmanagement unausweichlich zum Typ-A-Ekel stempelt, dann müssen sie einmal Ihre Werte überdenken, denen Sie den Auftrag erteilt haben, Ihre Ziele zu steuern. Dabei streichen Sie bitte nicht einfach Werte – Sie basteln schließlich gerade an Ihrer Persönlichkeit –, sondern versuchen, Ihre Werte erst einmal in eine Rangfolge zu bringen: Welche Werte sind wichtiger als andere, abgestuft mit erstens, zweitens usw. Und dann treffen Sie erneut Entscheidungen anhand der den Werten zugeordneten Lebensziele für Ihren Zehnjahresplan. Wenn Sie weiter denken wollen als zehn Jahre: bitte sehr! Die Tabelle kann jederzeit von Ihnen ausgebaut werden. Sie verlangt geradezu nach individueller Ausweitung.

Falls dieses Dasein dann auch noch mit negativem Stress verbunden wäre, überlegen sie sich eine Änderung Ihrer Werte. Dabei sollten Sie nicht einfach streichen (wie sollten Sie das machen, außer auf dem Papier!), sondern nachdenken, welche neuen Werte würdig genug wären, die alten zu ersetzen. Und diskutieren Sie bitte vorher mit Ihrem Lebenspartner, ob das, was Sie da vorhaben, auch von der sozialen Gemeinschaft als Wert anerkannt würde …

Wir wollen ja nicht, dass Sie nach 30 harten Jahren vergeblichen Schuftens in krisenhaften Stress geraten und alles hinschmeißen, bloß weil Sie merken, dass Ihre zahlreichen unrealistischen Träume endgültig den Bach hinuntergehen. Ändern und ordnen Sie Ihre Werte. Dafür ist es übrigens nie zu spät! Auch mit 55 nicht, falls Sie Letzteres bereits als Ausrede programmiert haben. Wie wir wissen, ist nämlich Kreativität keine Frage des Alters, sondern der Lust dazu.

Empathie

Alles, was Sie unternehmen, sollten Sie in einer Art Verbundenheit mit dem Leben tun, seien es Menschen, Pflanzen oder Tiere, die Ihnen begegnen. Nein, ich meine nicht, dass Sie jetzt allen um den Hals fallen sollen und ihnen sagen, wie lieb Sie sie haben!

Ich meine, Sie sollten auf die Fähigkeit achten, sich in die Lage anderer hineinzuversetzen. Dazu müssten Sie manchmal einen Perspektivenwechsel üben und sich fragen: Wie geht es dem anderen wohl dabei? Was will er in dieser Situation eigentlich? Empathie verschafft Ihnen Zugang zu den Menschen und damit ist es wesentlich leichter, Konflikte zu vermeiden.

Und nun sind wir mal ganz egoistisch: Empathie erlaubt Ihnen so nebenbei, sich Selbstmotivation zu klauen! In dem Moment, in dem Sie erfühlen, was andere treibt, treibt es womöglich auch schon Sie. Es ist ansteckend im positiven Sinne. Unter diesem Aspekt haben Sie diesen modernen Ansatz zur Psychohygiene vielleicht noch gar nicht gesehen? Bahn frei ...

Neugier

Neugier ist nur eines der Hilfsmittel für Zugang zu anderen, aber sie ist noch mehr. Eine neugierige Grundhaltung macht hellhörig in Bezug auf die Zukunft. Und wenn wir Angst haben, sollte Zukunft hoch im Kurs stehen, denn die schlechten Ereignisse kommen immer von dort ... zwangsläufig. Stressmanagement ist auch die Kompetenz, sich von der Vergangenheit zu lösen. Neugier hält uns wach, macht uns munter und sucht Änderungen auf eine sympathische und konstruktive Art.

Sie müssen ja nicht das Beispiel des Chemie-Professors nachleben, der jeden Morgen zu seinen Mitarbeitern ins Labor stürmte und begeistert die Frage in den Raum schleuderte: „Was gibt es Neues?“ Natürlich hatten seine Mitarbeiter jeden Morgen eine Antwort zurechtgezimmert, die seine Laune eher zu unterstützen denn zu untergraben geeignet war. Das Neue war nicht immer ganz neu und wurde mit der Zeit recycelt – denn er war auch vergesslich, wie sich herausstellte.

Handlungslust

Eine noch weithin unbekannte Größe, die wir hier einführen. Aber manche Leute scheinen so etwas zu besitzen: die Lust, tätig und aktiv zu sein. Auch kleine Dinge können uns Erfolg bescheren: die Wasserhahnreparatur, den elektronischen Kalender geordnet zu haben, das Kleid gekauft zu haben, das uns schon lange ins Auge gestochen hat, Peter endlich zum Bier eingeladen zu haben, um mit ihm neue Pläne zu schmieden, endlich mal ordentlich und pünktlich bei Mutters Geburtstag mit Blumen aufgekreuzt zu sein, endlich die erste von 20 weiteren anstehenden Entscheidungen getroffen zu haben etc.

Danach lassen Sie die erfolgreich unternommene Handlung nicht ungenutzt verstreichen. Feiern Sie den Erfolg und wenn Sie nur mit Ihrer inneren Stimme zu sich sagen: gut gemacht, weiter so!

Werden Sie gegenwärtig und bleiben Sie der Handelnde, dann befinden Sie sich im positiven Stress. Die Kompetenz zum Handeln – auch diese erfordert Übung – verleiht innere Sicherheit und Ihr Innenminister kann ruhig den neuen Herausforderungen entgegensehen. Der rechte Flügel wird gestärkt.

Blättern Sie bitte noch einmal kurz zurück auf Seite 165 und vergegenwärtigen Sie sich, worum es jetzt geht. Es geht um die Fähigkeit der Reaktionsbreite im Vollstress: klaren Kopf behalten, drüber stehen, wieder raus finden ohne Pillen, progressive Muskelübungen, Schokoladenriegel oder Coach – die perfekte Eigenwandlung vom Durchdreher und Psycho zum Durchblicker und Groucho. Groucho Marx, der von den bekannten Hollywood Marx Brothers, bestach durch seine völlige Stressunempfindlichkeit in x-beliebigen chaotischen Slapstick-Situationen.

Wir sind bei der Strategie, die Reaktionsbreite des Individuums auf der mentalen und emotionalen Seite zu vergrößern. Stress wird uns so schnell nicht umwerfen, denn wir haben eine Menge Instrumente, um mit einer Vielzahl von stresserzeugenden Situationen fertig zu werden und sie sogar für uns noch zu gestalten. Denn in solchen Situationen steckt eine ungeheure Energie. Ihre Kunst wird sein, diese in konstruktive Bahnen zu lenken.

Aktives Zuhören

Diese Kommunikationsmethode hat Furore gemacht. Sie gehört zu den Klassikern der Konfliktbewältigungsstrategien.

Nehmen wir an, es gibt einen, der sich ärgert – z.B. über Sie. Wir wissen jetzt: Der hat Stress. Auf Grund der Dynamik der Stressreaktion kennen wir auch das Phänomen, dass ein Tropfen das Fass zum Überlaufen bringen kann. Sie waren womöglich gerade greifbar. Wenn wir auf so eine Situation voll einsteigen und selbst mit Stress reagieren, dann essen wir den Brei so heiß, wie er kommt. Damit wir uns mit einer spontanen Reaktion nicht gleich die Schnauze verbrennen, hören wir uns mal an, was der Verärgerte zu uns sagt.

Meistens greift sein „Sprachgenerator" in eine ganz bestimmte Kiste. Was rauskommt, beinhaltet Botschaften folgender Struktur:

- Du hast schon wieder …
- Du machst immer …
- Du machst nie …
- Du wirst nie …
- Du kannst nicht …
- Du bist [irgendeine abwertende Eigenschaft]

Die Syntax dieser Botschaften hat Ähnlichkeiten mit HTML: Vieles ist austauschbar. Sie können das <DU> hierbei auch durch ein <SIE> ersetzen – es kommt aufs Gleiche raus.

An dieser Stelle empfiehlt Thomas Gordon aktives Zuhören: Gedankenstopp: Wer hat den Stress, das Problem im Moment? Sie? Auf keinen Fall! Der andere ist im Stress und dabei zu dekompensieren. Was können Sie tun? Gordon empfiehlt: dem anderen im ersten Schritt bewusst machen, wo er sich gerade befindet. Aber bitte nicht dadurch, dass Sie sich vor ihm aufpflanzen und mit der Erkenntnis aufwarten: „Na hören Sie mal, Sie sind aber schwer im Stress! Sie sollten mal was über den Typ

A lesen, falls Ihnen Ihre Koronarien was wert sind bzw. Ihre Hirngefäße überhaupt noch was durchlassen!" Antworten dieser Art sind weniger zielführend …

Ihre Antwort an den „Stressbolzen"? Könnte z.B. so lauten:

- Sie ärgern sich über …
- Sie fühlen sich gestört …
- Sie macht ungeduldig, dass …
- Sie sind sich nicht sicher, ob …
- Sie beunruhigt, dass …
- Es hat Ihnen nicht gefallen, dass …

Vermeiden Sie dabei nonverbale Anzeichen von Schadenfreude. Zu den nonverbalen Keulen in jeder Argumentation gehört auch der Tonfall. Jetzt – genau jetzt – dürfen Sie mal Empathie üben und es mit Ihrer Aussage ernst meinen. Versuchen Sie, einfach nur mal zu verstehen und zu erfragen, wieso genau derjenige … usw. Durch Ihre spezifischen Fragen helfen Sie ihm aus seinem diffusen und nebulösen Ärgerwahn.

Natürlich ist es mit einer Antwort nicht getan. Sie müssen schon dranbleiben und konsequent aus Ihrer Position in einen Dialog einsteigen. Das bringt den Gesprächspartner auf eine Ebene, wo er in der Lage ist, Emotion und Fakten zu trennen. Dann erst kann man wirklich wieder mit ihm Probleme lösen.

Es gibt aber auch den umgekehrten Fall: Sie Ihrerseits haben den Stress und ärgern sich! So wie oben skizziert wird Ihre Rede nichts bringen – außer Sie haben einen Gesprächspartner, der aktives Zuhören anwendet.

Machen Sie in Ihren Antworten deutlich, dass Sie den Ärger haben – was der emotionalen Wahrheit ja auch entspricht. Sie würden also Ihre Sätze so anfangen:

- Ich ärgere mich über …
- Ich langweile mich …
- Ich fühle mich gestört …

- Ich fühle mich eingeengt …
- Mich regt auf, dass …
- Ich habe Angst vor …
- Mich beunruhigt …
- Ich bin mir nicht sicher, ob …

Das ist eine Einladung an den Dialogpartner, mit ihnen zusammen das anstehende Problem zu lösen, und signalisiert, dass Sie sich zumindest Mühe geben, mit Ihren Gefühlen klar zu kommen. Das wird gewiss honoriert bzw. bewundert. (Haben wir da nicht endlich das gute Beispiel, das wir immer geben wollten?)

Die ganze Bandbreite der Methode kann hier nicht dargelegt werden, aber es gibt gute Bücher dass hierzu mit vielen Anwendungsbeispielen und Trainings.

Körpersprache

Eine kopflastige Tradition in unserem Lande hat das Thema Körpersprache aus unserer Kultur fast ausgeblendet, zumindest aus dem Sprachenunterricht. In der Schule ist es kein Fach. Dabei gibt es enorm viel sprechen zu lernen – in mehreren Sprachen natürlich. Einer der größten Irrtümer ist, dass es uns ja immer klar wäre, was der andere mit einer Geste meint – ein grässlicher Dauerirrtum. Sie werden erheblich besser, wenn Sie sprachliche Ungereimtheiten in der Körpersprache ansprechen und klären. „Was hast du mit der Handbewegung ausdrücken wollen, als du von Wegfahren sprachst?“ „Du hast eben so gezielt nach oben geblickt, hat das was Bestimmtes zu bedeuten?“ „Sie haben eben mit einer Handbewegung eine Meinungsdifferenz angedeutet, woran denken Sie da genau?“ Usw.

Kommunikationsforscher sind der Ansicht, dass etwa 50 % des gesprochenen Inhalts in Form von Gesten, Haltung und Mimik ausgedrückt werden. Die Interpretation der Körpersprache hilft uns in vielen Fällen, dass wir uns nicht in interpersonale stresserzeugende Situationen verstricken lassen, sondern einfacher – ohne Worte – erkennen können, in welchem Zustand sich unser Gegenüber befindet.

Hierzu gibt es viele Bücher und einschlägige Trainings. Ein hervorragendes Buch kommt von einem Kenner, der Körpersprache speziell im Business-Bereich studiert hat (siehe Literaturliste).

Genauso gibt dieser Abschnitt Anlass, darüber nachzudenken, wie es eigentlich mit der Aussprache und Gewandtheit Ihrer eigenen Körpersprache bestellt ist. Sprechen Sie Hochdeutsch, Dialekt, Randgruppenkauderwelsch oder International?

Wahrnehmung/Visualisierung

Die Kompetenz zur Online-Visualisierung von Gesprächen und Situationen ist enorm hilfreich, um Stressfallen auszuweichen. Unter Visualisierung verstehen wir die Fähigkeit, innere Bilder bewusst wahrzunehmen, während wir nach außen kommunizieren. Dann sind wir auch eher in der Lage, innere Bilder von anderen aufzunehmen und abzubilden. So entsteht Dialog. Dieser ist im übersteuerten Stress nicht möglich, da – Sie erinnern sich – unsere meist dominante linke Gehirnhälfte mit ihrer „großen“ Sprachbegabung das Ruder übernimmt und die Zeit für den Bildaufbau raubt: Die internen Prozesse beginnen sich zu beschleunigen auf Kosten der bilateralen Kommunikation zwischen den beiden Hälften.

Wie lernt man Visualisieren? Versuchen Sie einmal, Ihr Tagebuch nicht mit Worten, sondern mit Bildern, Zeichnungen etc. zu füllen – einfach drauflos scribbeln. Gemeint sind auch abstrakte Zeichnungen, nicht unbedingt die naiven Gemälde, die der Psychologe so schätzt, wenn er gemeinsam mit Ihnen Ihre Kindheit angucken will. Sie werden nach einer gewissen Zeit

Ihre Kollegen damit beeindrucken, wie elegant Sie am Flip-Chart die Ergebnisse der Sitzung modellieren können.

Spezifisch denken

Unsere Gedanken rudern im Stress häufig auf der Abstraktionsebene herum in der irrtümlichen Annahme, dass auf einer höher gelegenen Ebene (das war ganz früher mal die Anhöhe, von der herab man schwere Steine gegen die Feinde schmeißen konnte) Einsichten vorhanden sind, die das Problem „erschlagen". Das ist heute nicht mehr so. Das Umgekehrte ist häufiger: Auf der konkreten und spezifischen Ebene liegen die Lösungen in der Regel parat. Gehen Sie doch gleich dahin, Sie sparen sich viel Herumreden und Zeit.

Die Sprache wird hier andererseits auch wieder zum Symptom und verrät, was mit uns los ist. Die folgenden drei Empfehlungen sind als Präzisionsmodell bekannt und aus dem Neuro-Linguistischen Programmieren entlehnt:

1. *Wir neigen zu diffusen Begriffen*
   „Man hat mir gesagt, dass die Leute …„
   Sie fragen: 1. Wer ist „Man", wo wohnt der, wie heißt der, kennen wir den? 2. Wer sind denn die Leute? Die 90 Millionen Einwohner diese Landes, alle außer mir, die gerade im Raum sind? Wer genau? Stressoren sind konkret, z.B. eine Schlange. Beten, d.h. die höhere Ebene, hilft im Ernstfall gar nichts, nur die Lösung für den konkreten Fall – und der ist spezifisch, z.B. weglaufen, erschlagen, um Hilfe rufen oder intelligentere Lösungen aus der neueren Evolutionsforschung …

2. *Wir benutzen Verallgemeinerungen*
   „Immer, wenn …" „Überall, wo …" „Alle sagen, dass …" „Jedes Mal, wenn …"

Sie fragen (mit einem humoristischen Lächeln): Wirklich alle? Wirklich immer? Echt überall? Gibt es einen Fall, wo es jemals anders war?
Auch in diesem Beispiel geht es darum, die konkrete Ebene zu finden. Nur da liegt die Lösung. (Die Philosophen betrachten es nicht als ihre Kernkompetenz, konkrete Probleme der Wirklichkeit zu lösen – so ehrlich sind sie jedenfalls.) Die Suche nach dem spezifischen Lösungsmodell macht das Problem kleiner und führt uns und den Dialogpartner aus der stressbelasteten Situation.

3. *Wir benutzen negierte Modalverben*
„Wir können doch nicht ...“ Wir sollten nicht ...“ „Wir dürfen nicht ...“
Sie fragen: Was genau würde denn passieren, wenn wir könnten, sollten, dürften ...? Wie sähe dann die Sache aus?

Wir sind hier auf der Ebene der Beliefs angelangt, den uns manchmal aus Angst und Stress in Fleisch und Blut übergegangenen Glaubenssätzen. Wir benutzen unbewusst unsere Strategien und Muster, um uns damit vor einer stresserzeugenden Situation zu schützen in der unbewussten Annahme, dass das, was früher mal funktioniert hat, auch jetzt funktioniert. Kann sein – kann aber auch nicht sein. Erzeugen Sie einen alternativen Film in Ihrer Phantasie, denn zumindest da dürfen, können und sollen Sie vorerst einmal alles.

Grundüberzeugungen/Beliefs

Da wir gerade bei Glaubenssätzen sind: Beliefs sind Grundüberzeugungen einer Person oder von Gruppen, was richtig oder falsch ist – nicht jedoch was gut oder schlecht ist: Das entscheiden unsere Werte.

Diese Beliefs sind subjektiv und basieren häufig auf Erfahrungen, die gar nicht in dem Umfeld gemacht wurden, wo sie zur Anwendung kommen. Auch dann ist Stress die Folge. In einer sich ständig verändernden Wirklichkeit haben wir manchmal mehr zu verlernen als zu lernen.

Beispiel: Sie sind der Teamleader … und alle wollen (mal wieder) etwas anderes. Leichtes Chaos entsteht. Stress kommt hoch. Sie stehen auf und handeln getreu einem ihrer Beliefs, der etwa lautet: „Bei Krisen muss man Stärke zeigen und anderen sagen, wo es langgeht." Genauso handeln Sie jetzt und brüllen die Runde an: Sie sollten sich nicht wie im Kindergarten benehmen und produktive Zeit mit Borniertheit verplempern …!

Mal abgesehen davon, dass Sie ja Recht haben, ist es dennoch die falsche Methode, um zum Ziel zu kommen: Weniger Stress, offene Verhandlungen darüber, was gemeinsam beschlossen werden soll, Vorschläge zur Umsetzung wären jetzt angebracht.

Den Belief selbst beziehen Sie in diesem Beispiel vielleicht aus der Situation, als Sie neun Jahre alt und von Ihrem Großvater beeindruckt waren, dem Bürgermeister, wie er am Stammtisch seine Gefolgsleute zur Räson brachte und den Bierkrug dabei auf den Holztisch knallte. Da hat dieses Verhalten in Ihren Augen funktioniert und Großvater war ein respektabler Mann, dem alle folgten – dort und damals, also in einem bestimmten Kontext und den neigen wir zu vergessen, wenn wir nicht spezifisch genug denken …

Murphys „neues" Gesetz an dieser Stelle lautet: Was anderswo mal funktioniert hat, funktioniert woanders niemals. Nur sehr wenige Dinge funktionieren immer.

Und so ist es mit vielen anderen Situationen: Wir übertragen die Muster, wie zu verfahren sei, von einem Kontext hemmungslos in den anderen, weil wir im neuen Zusammenhang das zum Erfolg führende Muster noch nicht gelernt haben. Wir machen das laufend, und zwar unbewusst. Schlimmer noch: Auf diese Art und Weise lernen wir das neue Muster, das wirklich zum Erfolg führen würde, nur sehr schwer. Die Gelegenheiten für Lernchancen in der gleichen Situation nehmen dann womöglich ab, weil das Team das nächste Mal still dasitzt und genauso unproduktiv ist – jetzt sind nämlich alle Teilnehmer schon prophylaktisch beleidigt ...

Sie kommen auf die Beliefs, wenn Sie sich fragen: Was, glaube ich, soll ich in einer bestimmten, mir immer wieder Stress bereitenden Situation tun oder was erscheint mir selbstverständlich oder unausweichlich zu tun? Alles, was Ihnen dazu einfällt, schreiben Sie sich für diese spezielle Situation auf.

Im zweiten Schritt fragen Sie sich: Woher nehme ich diese Überzeugungen, dass ich das so machen muss und nicht anders? Wer hat mir dies wo und wann erfolgreich vorgelebt? Oder habe ich es nur für einen Erfolg damals gehalten? Weiß ich, dass die Sache damit erfolgreich ausging oder hat es mich nur irgendwie beeindruckt? Was war damals an der Situation anders, so dass diese Überzeugung damals richtig war?

Im dritten Schritt fragen Sie sich: Muss ich, soll ich das wirklich so tun? Was würde passieren, wenn ich es nicht täte oder etwas ganz anderes täte? Schreiben Sie sich ein paar Alternativen auf, die einen anderen Ansatz verfolgen, auch wenn dieser Ihnen verwegen oder weniger erfolgreich erscheint.

Im vierten Schritt fragen Sie sich: Wie müsste diese Variante als Überzeugung ausgedrückt lauten? Vielleicht: „Nur mit Ruhe und Offenheit kommt man bei einer Teamkrise zum Ziel." Damit hätten Sie einen neuen, eigenen Glaubenssatz geprägt.

Der letzte und fünfte Schritt: Es zu tun ist genauso wichtig, denn Sie werden die neue Stressmanagementlösung als verfügbares Handlungsmuster in der besagten unerfreulichen Situation nur dann auf Dauer für sich erobern können, wenn Ihnen Ihre neu erworbene Überzeugung in „Fleisch und Blut" übergegangen ist – durch Aktion!

In der Belletristik erfahren Sie viel über Beliefs und Paradigmen. Wenn Sie an zeitgenössischen Beliefs und Paradigmen interessiert sind, dann lesen Sie zeitgenössische Literatur. Aber es kann auch extrem interessant sein, Literatur aus anderen Kulturen und Zeiten zu lesen, denn dort können Paradigmen und Beliefs schlummern, die uns heute fehlen, die in Vergessenheit geraten sind. Speziell in einer Zeit, in der das Internet und die dort lagernden Homepages über Nacht zudecken, was früher sehr bekannt war. Literatur führt Sie aus dem Wald, den Sie vor lauter Bäumen nicht erkennen – indirekt. Spannende Literatur arbeitet immer verdeckt oder versteckt mit der Darstellung von ungewissen oder potenziell stressauslösenden Situationen. Und meist hat der Literat, für uns tröstlich, eine Lösung komplexer Art zurechtgelegt, deren Kern interessant ist fürs wirkliche Leben. Nutzen Sie diese Möglichkeit, Belletristik – Reich-Ranicki muss mir schon wieder verzeihen – mit dieser Brille zu durchforsten und Praktisches zu entdecken. Interpretieren tun ja schon so viele...

Lesen hat noch einen Vorteil für das Stressmanagement: Es fordert unsere rechte Gehirnhälfte heraus, denn wir verstehen das Geschriebene ja nur, wenn wir entsprechend unserem Lesefluss innere Bilder dazu aufbauen. Diese Beschäftigung der rechten Gehirnhälfte balanciert uns von der Stressorientierung der linken dominanten Seite ein wenig weg. Stress mit Bildern kriegen wir eher, wenn wir uns ungezielt vor den Fernsehapparat setzen und das schnelle Schnittgefetzel durch unser Oberstübchen pusten. Stellen Sie sich mal vor, wie schlecht uns würde, wenn wir mit der Ernährung und dem Verdauungstrakt ähnlich umgingen. Wir kämen überhaupt nicht mehr von der Toilette runter.

Dieses Buch strebt keine Vollständigkeit an. Es gibt sicher noch mehr gute und auch brauchbare Strategien, die Sie sich aneignen oder ausprobieren können. Die Auswahl treffen schließlich Sie. Das Angebot hier spiegelt die vom Verfasser gemachten Erfahrungen über die wirksamsten Instrumente wider. Sollte diese Schrift hier Ihnen als antiquarisches Exemplar in 100 Jahren in die Hände fallen, dann betrachten Sie es als wichtigen Beitrag zum Stressmanagementansatz „Lachen“, der, da ist sich der Verfasser sicher, auch in 1000 Jahren nichts von seiner Aktualität und Zeitbezogenheit einbüßen wird.

Das Schicksal der Vergänglichkeit wird natürlich auch jene Systematik ereilen, die im Folgenden auf sie zukommt. Bevor Sie da einsteigen, haben Sie jetzt die Gelegenheit, mit dem Weiterlesen aufzuhören und die eventuellen Selbstverpflichtungen, die sich aus dem Aufbau Ihres eigenen Stressmanagementprogramms ergeben, geschickt zu vermeiden.

9. Der Baukasten

Ein proaktives Stressmanagement bedeutet, dass Sie Methoden beherrschen,

1. die es Ihnen erlauben, Ihre Stressresistenz prophylaktisch zu erhöhen;
2. mit denen Sie sich kurz- und mittelfristig aus einem übersteuerten Zustand wieder herausholen können;
3. die langfristig die Bandbreite Ihrer Reaktionsmöglichkeiten erhöhen und es Ihnen erlauben, 1. oder 2. nur noch in Krisenspitzen einzusetzen oder wenn Sie einfach Lust drauf haben;
4. die eine stressorengetriebene Außensteuerung Ihrer Motivation durch selbstbestimmte Aktivierung ersetzen.

Bräuchten Sie eigentlich mehr als diese vier Grundkompetenzen, um wirklich glücklich zu werden im Leben und das zu erreichen, was Sie sich vornehmen? Und so sieht das weitere Vorgehen aus:

Die Reihenfolge

Wenn Sie sich das erste Mal dem Thema Stressmanagement widmen, dann empfiehlt sich eine Reihenfolge, um die Grundlagen zu etablieren, auf denen Sie dann aufbauen können.

- Erster Schritt: *Aufbau unspezifischer Stressresistenz:* Der Start beginnt sinnvollerweise auf der Spielwiese „Steigerung der Stresstoleranz“ (s. Kap. 8.1). Durch diese Maßnahmen werden Sie am raschesten erleben, wie es sich anfühlt wieder „bei sich selbst zu Hause“ zu sein. Dieses Gefühl brauchen Sie, damit Sie den Unterschied erkennen, Ihr Optimum gefühlsmäßig orten können und genau und sensibel spüren, wann Sie wieder aus dem Ruder laufen in Richtung übersteuerter Stress. Die Symptombeschreibungen und der Test auf den Seiten 57–69 helfen Ihnen natürlich auch dabei, diese Orientierung zu verbessern. Für diesen Schritt sollten Sie etwa drei Wochen einplanen, in denen Sie konsequent dranbleiben und Ihre Erfahrungen sammeln. Über Konsequenz und was uns dabei hilft, werden wir noch reden müssen.

- Zweiter Schritt: *Erlernen kurz- und mittelfristig wirkender Instrumente einschließlich von Aktivierungsmethoden:* Hier üben Sie die Dynamik ein, um in Ihre Performancekurve Beweglichkeit und Flexibilität zu bringen. Ziel ist, diese Dynamik letztlich so elegant nutzen zu können, dass Sie sich quasi „auf der Kurve" willentlich hin- und herbewegen können. Diese Kompetenz verleiht dem Homo sapiens sapiens – das zweite „sapiens" in der zoologischen Klassifikation – dasjenige, worüber wir uns manchmal wundern bzw. wonach wir gelegentlich suchen. Erlaubt es doch ein bewusstes Gestalten des eigenen Daseins und befreit uns ein wenig von der dennoch und immer – man täusche sich nicht – vorhandenen Gebundenheit an unsere instinktiven und hormonellen Grundmuster.
- Dritter Schritt: *linken und rechten Flügel stärken, die Bandbreite erhöhen:* Das bedeutet in traditioneller Formulierung: arbeiten an der eigenen Persönlichkeit. Wir hoffen ja, dass Sie durch Schritt eins und zwei bereits ein wenig faltenärmer im Gesicht, jünger und schöner geworden sind, nachdem der innere Stress nach zwei Monaten nachgelassen haben sollte. Nun sind Sie bereit, an der inneren Ausstrahlung zu arbeiten und Ihr Potenzial auf einem sicheren Boden von jederzeit herstellbarer Gelassenheit zu entwickeln. Meinen Sie nicht? Oder klingt diese Botschaft zu viel-versprechend? Ich möchte nichts daran ändern, denn schließlich vertraue ich auf Ihre Entschlusskraft und planerische Umsicht im Umgang mit sich selbst. Keiner kann Ihnen dafür ein Rezept verpassen

oder Vorschriften machen. Ihre Selbstbestimmung darf sich hier etwas einfallen lassen und diese wird Sie langfristig leiten, vorausgesetzt, Sie bleiben dran: an sich selbst. Wenn Sie dieses Mal glauben, verloren zu haben, sollten Sie bei jeder neuen Suche den ersten und zweiten Schritt vorschalten und Ihr Optimum in Phasen zu erreichen versuchen. Sonst wird die Suche ziemlich hektisch, verwirrend und anstrengend, weil sie von substanzieller Unsicherheit, Fluchtgedanken oder Aggressionen geprägt sein wird.

Im Baukasten haben Sie neben der Methodenübersicht und Auswahlsystematik noch Planungsvorschläge, Tricks für Support und Hinweise für Ihre Selbstnavigation durch unsere stressvolle Zeit.

10. Zusammenstellung des Workout

Blättern Sie bitte noch einmal kurz zurück zu Kapitel 5 und sehen Sie nach, welche Systeme Ihre gesunden und welche die eher schwächeren sind. Bitte übertragen Sie das Ergebnis mit den erreichten Werten kurz hierher:

Punktezahlen der auf Stress reagierenden Systeme			
körperlich	emotional	mental	Verhalten

In der folgenden Tabelle suchen Sie sich aus den gegebenen Beispielen diejenigen aus, die zwei Kriterien erfüllen:

1. Es würde Ihnen am meisten Spass machen.
2. Es weist mindestens eine Markierung in zwei Bereichen auf, wo Sie die wenigsten Punktezahlen haben.

Beispiel: Sie haben körperlich 14, emotional 23, mental 12 und im Bereich Verhalten 18 Punkte. Dann sieht das Vorgehen so aus, dass Sie die Beispiele auswählen, die Markierungen bei „körperlich" und „mental" aufweisen. Falls bei den Beispielen dann auch Markierungen für „emotional" und „Verhalten" zusätzlich existieren würden, macht das nichts, es ist lediglich nicht Ihr Auswahlkriterium. Die so gefundenen Methoden übertragen Sie bitte in die Grobplanung in Kapitel 10.1, und zwar in die Seite mit der Überschrift: „Erhöhung der Resistenz".

Stressresistenz: Wie halte ich das alles besser aus?				
	körperlich	emotional	mental	Verhalten
Joggen	X		X	
Schwimmen	X	X		
Wandern	X		X	
Biken	X			
Fitnesstraining	X			
Ballsport	X	X		
Ski	X	X		
Biorhythmus		X		X
Ernährung	X			X

Sie dürfen sich ruhig zwei oder drei in Frage kommende Methoden auswählen.

Nun ist die zweite Schiene dran: volle Kraft zurück zur vollen Kraft. Mit dieser Tabelle verfahren Sie genauso, allerdings sind die Auswahlkriterien etwas anders. Sie bevorzugen hier genauso, was Ihnen gefühlsmäßig am meisten liegen würde, achten aber darauf, dass es eher die Methoden sind, bei denen Sie nicht gerade die hohen Punktzahlen haben. Sie tun etwas für sich – nicht gegen sich. Mit allen Methoden greifen Sie schließlich in die Auswirkungssysteme des inneren Stresses ein und erwischen diesen irgendwo. Es ist letztlich egal wo, denn bei der Auswahl geht es uns nur darum, dass Sie etwas beginnen, mit dem die Wahrscheinlichkeit des Dranbleibens größer ist als mit einer anderen Methode.

So wird es z.B. wenig Sinn haben, Sie zum erfolgreichen Ausgleich durch soziale Ereignisse zu überreden, wenn Sie stark emotionalisiert sind. Der Schuss könnte sogar nach hinten losgehen. Die Methode wäre sinnvoller, wenn Sie mental oder körperlich ausgeprägte Symptome aufweisen.

Volle Kraft zurück zur vollen Kraft				
	K	E	M	V
Yoga	X		X	
Meditation		X	X	
PMR	X			X
KET	X			X
Atemtechnik	X			X
Autogenes Training	X	X	X	
Sauna	X	X		
Soziale Ereignisse		X		X
Musik hören		X	X	
Lachen		X		X
Entspannungskassetten		X		X
Thought Stopping		X		X
Hobbys	X	X	X	
Lesen		X	X	

Bitte übertragen Sie Ihre engere Wahl – es dürfen auch ruhig zwei oder drei Methoden sein.

Und weiter geht's mit beiden Flügeln. Zuerst der linke:

Erhöhung der Bandbreite – der linke Flügel				
	K	E	M	V
Lebensziele		X	X	X
Empathie		X	X	
Neugier		X	X	
Handlungslust		X	X	X

Wie Sie erkennen, befinden wir uns hier in den „höheren“ Bereichen des Stressmanagements, weshalb es wichtig ist, dass Sie die körperlichen und emotionalen Dinge über Schritt eins und zwei bereits gut in den Griff bekommen haben. Sehen Sie sich hier bitte alles an, was für Sie in Frage käme, stellen Sie aber sicher, dass Sie bei E und M in der Symptomatik der Stresssymptome keine gröberen Probleme mehr haben bzw. nicht bereits gleichzeitig etwas tun, was diese bessern kann. Z.B. wollen wir vermeiden, dass Sie ständig erfolglos zur „Freude“ Ihrer Mitmenschen an Ihren Werten herumfummeln, während Sie Ihr stressbedingtes Muskelzucken oder Herzstolpern wegen körperlicher Unausgeglichenheit munter weiter registrieren und sich wundern, wieso sich da nichts ändert …

Hier zählt eher das spontane Gefühl, wo es sich Ihrer Meinung nach für Sie lohnen würde, mal einzusteigen, weil es Ihnen spontan am ehesten einleuchtet.

Zu guter Letzt der rechte Flügel. Hier ziehen Sie bitte zur Auswahl der Methoden einen Partner – privat oder beruflich – hinzu, der Ihnen Feedback oder einen Ratschlag geben soll. Und zwar darüber, wo es sich bei den hier aufgelisteten Ansätzen für Sie am ehesten lohnen würde. Wo sind Ihre größten Schwächen, was sollten Sie besser beherrschen und entwickeln?

Hier die Tabelle:

Erhöhung der Bandbreite – der rechte Flügel				
	K	E	M	V
Aktives Zuhören			X	X
Body Language	X	X	X	X
Visualisierungskompetenz			X	X
Spezifisches Denken			X	X
Beliefs		X	X	X
Belletristik		X	X	

Also hören Sie gut auf den Lebenspartner oder Kollegen und wählen Sie hier nach einer Kombination aus Fremdsicht und persönlichem Zugang ebenfalls zwei oder drei Dinge aus für Ihre Grobplanung in Kapitel 10.1.

10.1 Grobplanung

Bitte tragen Sie in diese Liste die von Ihnen ausgewählten Ansätze ein. Beruhigen sie sich: Dies ist eine Grobplanung! Nicht alles, was hier steht, sollen und müssen Sie jetzt etwa umsetzen! Es wird weiter ausgewählt und nachgeguckt.

Grobplanung – Übersicht		
Erhöhung der Resistenz	Zur vollen Kraft zurück	Erhöhung der Bandbreite

10.2 Feinplanung

Jetzt geht es Ihnen an den Terminkalender. Das Motto, das über den nun folgenden Überlegungen schwebt, ist durchaus folgenschwer. Erfolgreiches Stressmanagement wird Ihr Leben ändern, wenn Sie es umsetzen. Bitte informieren Sie die üblicherweise Beteiligten rechtzeitig von den geplanten Auswirkungen. Vielleicht will man Sie ja in der zukünftigen Verfassung gar nicht! Vielleicht braucht man jemand, der depressiv und hilfesuchend durch die Gegend schleicht, damit ein anderer seinen Selbstwert durch einen falschen Vergleich stabilisieren kann ... Denken Sie mal darüber im Groben nach, bevor der nächste Schritt geleistet wird: die Feinplanung selbst.

Termine mit sich selbst sollten Sie den anderen Geschäftsterminen nicht unbedingt überordnen. Aber Sie sollten sie keinesfalls unterordnen. Überlegen Sie mal: Neigen wir nicht dazu, Letzteres regelmäßig zu tun? Ja sind wir denn wahnsinnig? Messen wir mit zweierlei Maß?

Was machen Sie mit einem Geschäftstermin, den Sie vereinbart haben, aber nicht einhalten können? Richtig: Sie reden mit dem Adressaten, informieren ihn und versuchen, den Termin zu verlegen. Beim zweiten Verschieben haben Sie schon erhebliche Probleme, Ihrem Partner dies zu vermitteln. Beim dritten Mal werden dann meist die üblichen verzeihungheischenden Floskeln bemüht wie: „Wir werden schon noch zusammen kommen in diesem Leben ...", „Wir zwei sind ja wirklich wie die Königskinder ...", „Ich hab's schon nicht mehr für möglich gehalten ..." etc. Wenn das nichts bringt, ist diese Schiene tot. Den sehen Sie nicht wieder.

Wollen Sie das mit sich selbst etwa auch so machen? Sollten Sie nicht: Nehmen Sie die folgenden Einträge als verbindliche Termine mit sich selbst! Nehmen Sie diese ernst – so wie alle Termine, die Sie machen! Und wenn Sie absagen müssen, dann sprechen Sie bitte mal mit dem freundlichen Wesen in sich selbst mit dem Namen „gute Absicht“, bevor es beleidigt reagiert und sich auf Nimmerwiedersehen zurückzieht. Machen Sie dieser guten Absicht klar, warum es nicht geklappt hat mit dem Joggen, der Sauna, dem Training in aktivem Zuhören, dem Lesen usw. Und Sie dürfen sich jetzt schon darauf gefasst machen, dass Sie gute Argumente und triftige Gründe *und* Ihren Terminkalender in der Hand haben müssen, um den nächsten Termin für diese nun leider verpasste Gelegenheit auszumachen …

Irgendwann kommen Sie sich bei diesem Spiel, wenn Sie zum Wiederholungstäter im nachlässigen Umgang mit sich selbst werden sollten, ziemlich dämlich vor. Machen Sie sich nichts vor: Dieser Eindruck stimmt. Und er gibt Ihnen einen Hauch von Ahnung, wie sich die von Ihnen versetzten Geschäfts- und Privatpartner fühlen mögen.

Mit dieser Vorrede und das Ausmaß an Verantwortung sich selbst gegenüber spürend sollte es Ihnen möglich sein, zur Planung zu schreiten. Falls die Stimmung oder der Ort, an dem Sie diese Zeilen lesen, momentan keine ungestörte Stunde (= 60 Minuten) erwarten lassen, dann verschieben Sie diese Handlung auf später: einen Termin.

Hier und dann werde ich meine Planung bezüglich des Stressmanagements durchführen:

Ort	Datum	Uhrzeit

Oder passt es gerade jetzt? Auch gut. Bitte den Terminplaner holen, es geht darum, dass Sie sich etwas Gutes tun …

Stressresistenz – Aufbauplanung

Maßnahmen	Durchführung Wochentag/Zeit	Beginn am	Erfolgskontrolle mittels	Unterstützer

Volle Kraft zurück zur vollen Kraft – Aufbauplanung

Maßnahmen	Durchführung Wochentag/Zeit	Beginn am	Erfolgskontrolle mittels	Unterstützer

Erhöhung der Bandbreite – Aufbauplanung

Maßnahmen	Durchführung Wochentag/Zeit	Beginn am	Erfolgskontrolle mittels	Unterstützer

Beim Ausfüllen der Planungsübersichten werden sie bemerken, dass es nicht realistisch ist, von jedem Stressmanagementansatz wirklich zwei bis drei Optionen durchzuführen. Die Spalte „Durchführung Wochentag/Uhrzeit" wird Ihnen das bewusst machen. Wie entscheiden? Ganz einfach: nach Praktikabilität. Beispiel: Sie wohnen neben dem Tenniscenter oder der Jogging-Parcour ist fünf Minuten vom Arbeitsplatz entfernt. Was läge näher als … Oder: Ihr Kollege fängt aus irgendeinem Grund ein Gespräch über Meditation an. Warum sollten Sie nicht mit ihm als Motivator gemeinsam einen Kurs besuchen, wo Sie das lernen können? Entscheiden Sie nach Opportunitätskriterien: Was wäre am einfachsten durchzuführen? Wo bietet sich die beste Gelegenheit – ganz aktuell? Reduzieren Sie bitte damit die Anzahl der von Ihnen geplanten Aktivitäten auf höchstens zwei unterschiedliche Maßnahmen pro Woche und auf höchstens drei bis vier Tage pro Woche. Sie brauchen diese Beschränkung, denn sonst klappt es mit den Terminen nicht. Und was genauso bedeutsam ist: Sie entwickeln sonst kein Gefühl dafür, was Ihnen eine bestimmte Methode wirklich bringt, wenn Sie zu viel auf einmal betreiben. Erst wenn Sie sich über die Auswirkungen in der nachgehenden Reflexion (nach etwa zwei Wochen) sicher sind, sollten Sie Ihr Programm – falls Sie einen Anlass dazu sehen oder einfach neugierig sind – entsprechend verändern. Der Rückgriff auf das, was Sie schon kennen und wissen, ist jederzeit möglich.

11. Monitoring und Coaching

Sie kennen das Brecht-Zitat von der menschlichen Planerei? „Ja mach nur einen Plan, sei nur ein großes Licht, und mach noch einen zweiten Plan, gehen tun sie beide nicht!“ Im weiteren Text wird uns dann erklärt, dass der Mensch für dieses Leben nicht schlau genug sei. Das stimmt auch, wenn es sich nur um einen handelt. Daher gehen wir jetzt zur Teamarbeit über und strafen das zitierte Vorurteil Lügen.

Wer das Team bildet? Sie sind schon mal Teamleader. Das ist klar. Der/die zweite im Bunde ist Ihr(e) Mann/Frau/Partner(in). Dann kommen Ihre Kinder. Wenn Sie keine haben, nehmen Sie gleich die Kollegen/innen. Nicht dass die den Kindern von der Art her gleich wären, das meinen wir bloß manchmal aus der Sicht des Typ A …

Sie brauchen Support vom Team und Sie dürfen Stärke beweisen, denn:

11.1 Starke Typen outen sich!

Jetzt dürfen Sie Mut beweisen. Ihr Umfeld wird sich vielleicht fragen, woher diese neue Aktivität in Ihrem Leben kommt. Manch eine Freundin mag denken: Der hat sich so verändert, ist da eine andere in Spiel? Schlimmer noch, wenn Sie verheiratet sind! Bei jeder auffälligen Charakteränderung setzen Sie sich magisch üblen Verdächtigungen aus. Im Unternehmen kann es auch schon mal passieren, dass Sie verdächtigt werden, mental bereits zur Konkurrenz übergelaufen zu sein bzw. dort eine neue Position in Aussicht zu haben, denn: „Wieso geht’s dem/der bei uns auf einmal so gut?“ Kann ja nur so sein, dass der/die morgen kündigen will!

Schon um Missverständnissen vorzubeugen, sollten Sie Ihr näheres Umfeld informieren. Auch als Führungskraft empfiehlt es sich, gewisse Hinweise zu geben, sonst denken Ihre Mitarbeiter, Ihre neue Art wäre der neueste Trick, sie zu Überstunden zu motivieren, oder die Abteilung würde sich komplett verändern oder alle würden übermorgen eine Riesenprämie bekommen etc.

Auch die Verkündung benötigt Planung. Überlegen Sie bitte, was Sie alles verkünden möchten und wem und wen Sie als hilfreichen Begleiter für Ihren Erfolg einbinden möchten. Es sollte jemand sein, der sich traut, Sie als eingefleischten Typ A oder launischen Widerling (nur ein Beispiel, nicht Sie persönlich sind gemeint!) hin und wieder zu fragen, wie Sie denn mit Ihrem Programm vorankommen, und der auch die Erlaubnis hat, Ihnen zu sagen, was sich alles eigentlich überhaupt nicht verändert hat …

Diese von Ihnen ermächtigten Menschen brauchen präzise Informationen, sonst trauen sie sich nicht und haben Angst doch ins Messer zu laufen. Welche Informationen brauchen sie? Zur Planung Ihrer Informations- und Feedbackpolitik soll Sie die folgende Struktur anregen:

Was mache ich anders?	Was kommuniziere ich davon?	Wem?

Machen wir uns auf die systematische Suche nach Unterstützern: Wer könnte, sollte, dürfte dies sein und was soll er/sie dann tun?

Wer soll/darf mich unterstützen?	Wodurch, womit, was soll er/sie tun?

Verstehen Sie diese kleine Tabelle richtig: als Vorschlag. Ein DIN-A4-Blatt sollten Sie jetzt zur Hand haben oder Ihren PC, um das auszuarbeiten, was nun notwendig ist. Papier ist geduldig. M.a.W:. Sie sollten mit Ihren Unterstützern auch reden und verhandeln. Schon Termin mit denen gemacht? Aha. Also: Terminkalender, Telefon. Ja, Sie sehen das schon richtig: Sie sind Ihr eigenes Projekt. Sie bestimmen die Ziele, die Mitarbeiter, das Resultat, den Zeitplan, die Kernkompetenzen, was Sie outsourcen und welche Prämien Sie verteilen wollen, wenn alles klappt … Wenn Sie mit einem professionellen Projektmanagementsystem vertraut sind, dann übertragen Sie doch bitte die hier angestrebten Inhalte dorthin und nutzen die organisatorische Power eines solchen Programms. (Randbemerkung: Was ein Typ A besonders gut kann, ist nämlich kontrollieren – auch wenn er selbst das Ziel dieser Kontrolle ist. Das kann ihn retten …)

11.2 Die Postkarte

Bitte reflektieren Sie, was Sie aus diesem Lernprogramm alles gelernt haben. Ein guter Freund fragt Sie vielleicht einmal, was bei Stress und Stressmanagement ganz besonders wichtig ist. Verraten Sie es ihm in 10 Punkten und schreiben Sie es hier bitte auf:

1. ______________________________

2. ______________________________

3. ______________________________

4. ______________________________

5. ______________________________

6. ______________________________

7. ______________________________

8. ______________________________

9. ______________________________

10. ______________________________

Fertig? Gut. Kopieren Sie bitte Ihre Einträge auf dem nächsten Kopierer oder reißen Sie dieses Blatt aus dem Buch. Stecken Sie es in einen Briefumschlag, schreiben Ihre eigene Adresse drauf und händigen Sie den Umschlag Ihrem Partner aus mit der Bitte, den Brief nach sechs Wochen zu frankieren und in den Postkasten zu werfen. Das weitere Verhängnis nimmt seinen Lauf …

1. Erkennen Sie – was Sie eh schon ahnten – dass Ihr bester Freund Sie selbst sind?
2. Merken Sie, wie kostengünstig guter Rat sein kann?
3. Dann helfen Sie sich wahrscheinlich selbst auf die Sprünge.

Übrigens: Diese Übung ist beliebig wiederholbar, insbesondere wenn Sie gerne Post bekommen …

12. Der Selbst-Navigator

Sie kennen diese vielen modernen Weisheiten, die man auf Seminaren erfährt, z.B. den Spruch: „Wer auf Kurs bleiben will, muss manchmal Wellen verursachen." Eine Seglerweisheit, die uns trösten soll, wenn uns der Wind ins Gesicht bläst und die Gischt uns die Sprache verschlägt. Das Bild ist zutreffend für alles, was Veränderung erzeugt. So auch in Ihrem Fall, wenn Sie geliebte Unpässlichkeiten, Symptome und Verhaltensticks aufgeben wollen, an denen sich Ihre Umwelt schon lange wetzt. Wenn Sie glauben, Sie täten denen nun einen besonders großen Gefallen mit der Beherrschung Ihrer stressbedingten Verhaltensauswüchse, mag das in 50 % der Fälle zutreffen. Möglicherweise sind die anderen 50 % aber irritiert und hätten bald lieber wieder den alten Soundso. Denn umsonst passten Ihre Schlüssel nicht in irgendein Schloss … Es wird Ihnen also recht bald auch ein gewisser Widerstandsdruck begegnen, den Sie zuerst gar nicht wahrnehmen, dann aber als „Schwingung" im Raume schwebend unbewusst registrieren. Vielleicht bemerken Sie dann, dass die anderen „auf einmal so komisch" sind. Begrüßen Sie diese Wahrnehmung als Teilsieg. Sie ist das untrügliche Kennzeichen, dass Sie es geschafft haben, etwas zu verändern. Ob es das Richtige war, sollten Sie an Ihrer Gesundheit und Ihrem Wohlfühlfaktor messen und an nichts anderem.

Aber wie hält man jetzt Kurs? Möglichst viel Widerstand zu haben ist auch kein Kriterium, auch wenn mein ehemaliger Religionslehrer den Satz geprägt hat: „Es ist unmoralisch, den Weg des geringsten Widerstands zu gehen!"

Eine Methode ist natürlich Ihr eigenes Projektmanagement wie oben bereits beschrieben. Sie sollten aber nicht versäumen sich von Zeit zu Zeit Gedanken zu machen, wo Sie denn mit Ihren Symptomen stehen. Das bedeutet, einmal wieder den Test auf Seite 62 zu machen. Das eine oder andere wird auch für Sie erkennbar verschwinden, wenn Sie Ihr Stressmanagement konsequent durchführen.

Oder Sie lesen noch einmal die Symptomsammlung des Typ A durch und reflektieren, oder die Stellen, wo Sie am meisten lachen mussten – oder wo es Ihnen wie Schuppen von den Augen fiel …

Für die Mess- und Vergleichsfreunde unter uns seien hier noch Arbeitsblätter eingefügt, die Sie verwenden können, um Ihren Fortschritt zu dokumentieren.

Meine Lieblings-Stresssymptome …		
Gezählt und bemerkt …	… mal pro Tag	… mal pro Woche

Manchmal aber ist es einfacher, andere zu beobachten als sich selbst:

Stresssymptome bei anderen		
Bemerkt bei …	… mal pro Tag	… mal pro Woche

Ach ja, wenn sie schon etwas bei den anderen bemerken – was tun Sie eigentlich dann? Übergehen Sie es diskret, so als wäre überhaupt nichts? Oder sprechen Sie diese mit Abwehr darauf an: „Sie sollten sich mal benehmen, am Zügel reißen, wenn Sie wüssten, wie Sie auf andere wirken …!“ Oder sind Sie schon so weit gediehen, dass Sie aktiv zuhören, mit Empathie reagieren, Fragen stellen, zu aktivem Stressmanagement anregen (z.B. zum

Joggen einladen) und andere Ihnen sinnvoll erscheinende Reaktionen zeigen? Dann sind Sie schon weit vorgedrungen. Vielleicht tun Sie das alles aber auch bloß, um sich selbst bei der Stange zu halten und zu motivieren. Dann gehören Sie sicher zu den Selbstmanagement-Profis. Aus welcher Motivation heraus auch immer: Sie verdienen einfach Lob!

13. Schlusswort

Stress, Stress, Stress. Man kann es manchmal nicht mehr hören. Die Allerweltsentschuldigung für Misslingen und Versagen jeder Art. Auch dieses Buch hat mal wieder nichts dazu beigetragen, uns zu zeigen, dass Stress etwas völlig Unwichtiges ist und überhaupt keine feinen Verästelungen und Auswirkungen bis hin zur philosophischen Grundhaltung hat, die wir meinten uns mit dem „freien Geiste“ einst erschlossen zu haben. Alles Pustekuchen, alles Stress? Ganz so einfach ist es nicht, denn wie Sie gesehen haben, sind die Zusammenhänge recht komplex. Ich habe versucht, die groben Orientierungslinien aufzuzeigen, an denen Sie sich entlanghangeln können, wenn Sie hinsichtlich Ihrer Stressbewältigung auf Entscheidungssuche gehen wollen. Manch ein Ereignis wird verständlich, einfacher handhabbar und des Angstcharakters beraubt, welchen es genießt, wenn man das Gefühl hat, da würden ja doch nur Akademiker oder Spezialisten durchblicken. Das ist wirklich Unsinn. Diesen Durchblick haben Sie jetzt auch. Und jede tägliche Erfahrung, die Sie mit diesem Durchblick neu zu durchdringen versuchen, macht Sie schlauer für dieses Leben. Was nicht bedeutet, dass Sie nicht auch andere Bücher über dieses Thema lesen sollten – möglicherweise aus der nachfolgenden Liste.

Wie heißt es in den Talkshows so schön: „Hallooooo und guten Abend. Bleiben Sie dran bis nach der Werbung: Ich zähl auf Sie!“

Literaturverzeichnis

Benson H., Stuart E.: The Wellness Book, N.Y./London 1992

Cooper C., Kalimo R., El-Batawi M., Eds.: Psychosocial Factors at Work and Their Relation to Health, World Health Organization, Geneva 1987

Curtis J., Detert R., Schindler J., Zirkel, K.: Teaching Stress Management and Relaxation Skills: An Instructors Guide, La Crosse/Wisconsin 1985

Davis M., Eshelman E., McKay M.: The Relaxation and Stress Reduction Work Book, Oakland 1995

Dembrowski T.M. et al., Eds.: Coronary-prone Behavior, New York 1978

Dembrowski T.M. et al., Eds.: Biobehavioral Bases of Coronary Heart Disease, Basel/New York 1983

v. Eiff, A.: Stress, Stuttgart 1970

Friedman M., Ulmer D.: Treating Type A Behavior and Your Heart, Toronto 1985

Gordon T.: Leader Effectiveness Training, New York 1977

Juli D., Engelbrecht-Greve M.: Stressverhalten ändern lernen, Hamburg 1978/1990

Kimpfler G.: Stress und Konflikte bewältigen, Landsberg am Lech 1983

Klein, U.: Stress am Arbeitsplatz erkennen, beherrschen, gestalten, Bildungszentrum München Siemens AG, München 1993

Müller-Limmroth W., Schrug R.: Arbeit und Stress, Bayerisches Staatsministerium für Arbeit und Sozialordnung, München 1990

Norfolk D.: Executive Stress, London 1986

Olschewski A.: Progressive Muskelentspannung, Heidelberg 1994

Pease A.: Body Language, New York 1984/1987

Rensing L.: Biologische Rhythmen und Regulation, Stuttgart 1973

The People's Medical Publishing House: The Chinese Way to a Long and Healthy Life, Beijing, China 1984

Stichwortverzeichnis